## NOUVELLE ÉDITION

# FOYERS
## ET
# COULISSES

### HISTOIRE ANECDOTIQUE
#### DE TOUS LES THÉATRES DE PARIS

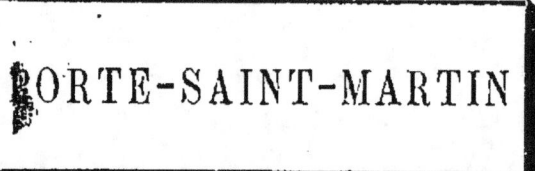

## PORTE-SAINT-MARTIN

### AVEC PHOTOGRAPHIES

# PARIS
## TRESSE, ÉDITEUR
### GALERIE DE CHARTRES, 10 ET 11
#### PALAIS-ROYAL

MDCCCLXXV

# FOYERS & COULISSES

DIXIÈME LIVRAISON

## PORTE-SAINT-MARTIN

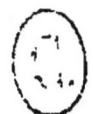

Sous le titre de *Saynètes* et *Monologues*, la librairie TRESSE publiera deux fois par an un volume ne contenant que des pièces à *un, deux, trois* personnages.

Les DIX-SEPT pièces du *premier volume* sont de MM. J. de Biez, Chauvin, Ch. Cros, Paul Ferrier, Octave Gastineau, G. Gœtschy, Fr. Mons, Ch. Monselet, Gustave Nadaud, G. Ohnet, Léon Supersac.

Le *second volume* contient des pièces de MM. Théodore de Banville, Ch. Cros, Paul Ferrier, E. Durandeau, A. Silvestre, J. Normand, L. Supersac, J. Guillemot, G. Nadaud, J. de Marthold, Chauvin, A. Jouhaud, George Richard.

**Chaque volume in-18 : 3 fr. 50**

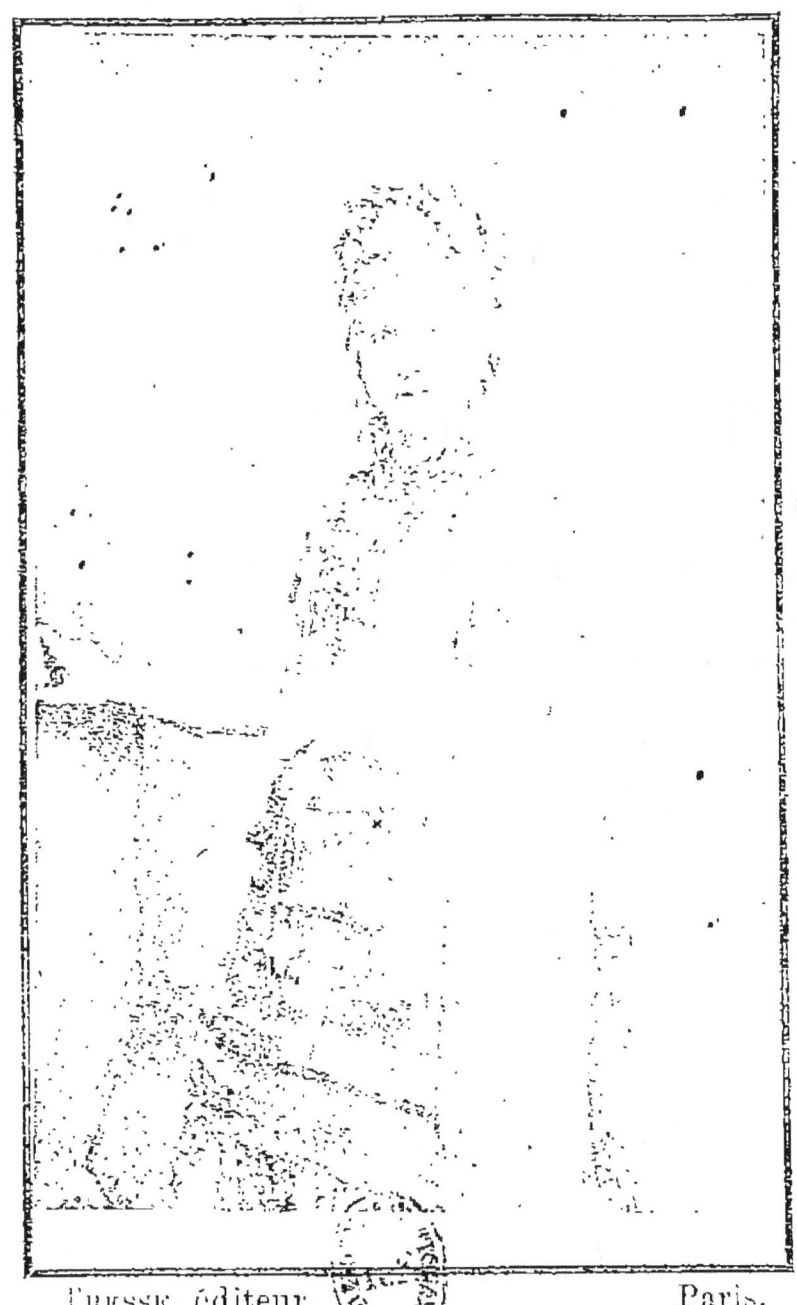

Fresse, éditeur.      Paris.

## ANGÈLE MOREAU

# FOYERS

## ET

# COULISSES

HISTOIRE ANECDOTIQUE DES THÉATRES DE PARIS

## PORTE-SAINT-MARTIN

### 1 franc 50

AVEC PHOTOGRAPHIES

## PARIS

**TRESSE**, ÉDITEUR

GALERIE DU THÉATRE — FRANÇAIS

Palais-Royal

1877

# PORTE SAINT-MARTIN

----

Ce n'est qu'en 1802 que ce théâtre prit le nom de Porte Saint-Martin. La salle n'avait été construite que pour remplacer provisoirement celle de l'Opéra, incendiée lo 8 juin 1781.

La direction des travaux fut confiée à l'architecte Nicolas Lenoir, qui s'engagea à livrer la salle au public *soixante-cinq jours* après la pose de la première pierre.

Cette cérémonie eut lieu le 25 août 1781, jour de la Saint-Louis. Lenoir eut le choix dans toutes les forêts le l'Etat pour les bois qui lui étaient nécessaires. Le grand-père du comique Laurent fournit les plàtres : on travailla jour et nuit. Enfin, le 27 octobre, trois jours avant le délai fixé, la salle fut livrée au public. L'entrée fut gratuite. Pendant que la foule attendait à la porte d'entrée, on posait les marches en chêne du grand escalier ; l'architecte et ses commis stimulaient l'ardeur des ouvriers, en posant un *louis* sur chaque marche achevée. Les chroniques parlent beaucoup de la loge infernale : cette loge à salon, au rez-de-chaussée, portant le n° 1, était occupée à presque toutes les représentations par Mirabeau et quelques membres futurs du futur Tiers-Etat.

La pièce d'ouverture, *Adèle de Ponthieu,* fut, paraît-il, composée pour célébrer la naissance du Dauphin.

L'*Opéra* quitta cette salle le 27 juillet 1794, pour aller occuper le Théâtre des Arts, rue de Richelieu, *place Louvois.* C'est en sortant de la salle de la place Louvois que le duc de Berry fut assassiné par Louvel.

Dulaure et plusieurs autres historiens se trompent en plaçant le changement de salle en 1793, puisque le Ballet de la Fête de l'Etre-Suprême fut représenté à la Porte Saint-Martin le 8 juin 1794.

Après le départ de l'Opéra, la salle de la Porte Saint-Martin resta inoccupée pendant huit années, après lesquelles une nouvelle troupe, sous la direction de

M. *Dumaniant*, vint y donner des représentations. C'est alors que le nouveau
théâtre prit le titre de : *Théâtre de la Porte
Saint-Martin.*

L'Ouverture eut lieu le 27 septembre
1802 par *Pizarre, ou la conquête du Pérou*,
mélodrame en 3 actes. On y joua des pièces
à grand spectacle, des pantomimes, des
comédies et des ballets qui lui méritè-
rent le surnom d'*Opéra du peuple.*

Aucun historien n'a pu donner des détails exacts sur ces premières années d'exploitation ; ceux que nous donnons ont été
puisés dans les Archives de la ville.

En 1805, le sceptre directorial échut à
MM. Gobert et Dubois ; M. Dumaniant resta
comme administrateur, et de nouveaux
engagements furent faits, entr'autres celui
de Potier, le danseur Mérante, 12 figurants, 12 figurantes et 31 musiciens, sous
la direction d'Alexandre Piccini.

En 1806, la direction resta entre les
mains de M. Dubois seul, qui augmenta
encore le nombre de ses artistes. L'administration avait adopté le genre qui se
rapprochait le plus de l'opéra. — Outre
les créations, on reprit beaucoup d'ouvrages joués déjà sur d'autres théâtres.

Voici, du reste, le répertoire de ces
pièces, depuis le jour d'ouverture :

Pizarre, — Tulipano, — Ruse et Folie, — le
Danger des liaisons, — Point de bruit, — le

Calcul de la vie, — Ecbert, — le Sourd et l'Aveugle, — les Jeux d'Eglée, — Annette et Lubin, — l'Avocat Patelin, — Cécilia, — le Contrariant, — Claudine, — Clodomire, — Crispin rival de son maître, — le Déserteur, — le Désastre de Lisbonne, — les 2 frères Girard, — Diderot, — le Dragon de Thionville, — les Etourdis, — la Fille mal gardée, — les Français à Alger, — Guerre ouverte, — l'Ermite de Saverne, — l'Honnête Criminel, — les Huissiers, ou j'ai perdu mon procès, — les Intrigants, — le Mariage de Figaro, — le Mari instituteur, — Paméla mariée, — Misanthropie et Repentir, — Pauline, — le Pessimiste, — Ricco, — les Ruses déjouées, — le Soldat prussien, — Soyez plutôt maçon, — Tippoo-Saïb, — l'Adroite ingénue, — l'Amant bourru, — l'Auteur soi-disant, — le Bourru bienfaisant, — la Brouette du vinaigrier, — les Bûcherons de Nizzinck, — Caroline de Rosenthal, — Caroline et Dorville, — Clémence et Waldemar, — Crispin médecin, — Christophe Lerond, — le Dénouement imprévu, — les Deux Créoles, — Deux filles pour une, — Elisabeth, — la Fausse Marquise, — la Femme jalouse, — les Folies amoureuses, — la Forteresse du Danube, — Frédéric à Spandau, — les Frères à l'épreuve, — les Gondoliers, — Gonzalve de Cordoue, — Jenny, — les Illustres Fugitifs, — la Joute, — Laure et Fernando, — Nanine, — les Noces hussardes. — le Page inconstant, — la Prise de Spandau, — Ramire, — Robinson Crusoé, — Romulus, — les Ruses déjouées, — les Serfs de la Scandinavie, — le Solitaire de la roche noire, — Stanislas, — Storb et Werner, — les Vendangeurs, — Jean de Paris. — Montbars l'exterminateur, —

les Sauvages de la Floride, — Frédégonde, — la Cause célèbre,— les deux petits Savoyards,— la Fête de Saint-Cloud.

Cette dernière pièce fut jouée en août 1807, et le théâtre ferma le 13 du même mois ; M. Dubois était seul directeur depuis un an.

La troupe d'alors, une des plus remarquables de l'époque, inspira des craintes aux grands théâtres qui, pour se débarrasser d'un rival qu'ils croyaient dangereux pour eux, intriguèrent auprès du ministre qui, pour mettre un terme à leurs cabales, fît comprendre le théâtre de la Porte Saint-Martin dans ceux qu'abolissait le décret impérial de 1807, décret si fatal aux théâtres secondaires. — Le théâtre de la Porte Saint-Martin ne rouvrit ses portes qu'en 1809. Une autre administration sollicita et obtint un nouveau privilège de ce théâtre, qui changea alors son titre contre celui de :

*Salle des Jeux Gymniques.*

L'inauguration eut lieu le 1er janvier 1810 par un prologue intitulé : *L'Espérance et l'Armateur*, par M. Hapdé; *Un an de Périclès*, puis *la France et l'Italie au pied des Alpes*. Ce spectacle, d'un genre assez singulier, consistait en tableaux, pantomimes militaires et historiques. Ce fut à cette époque que se donna la fameuse pièce: *Le passage du Mont Saint-Bernard*, représentée le 18 janvier 1810, et dans laquelle on mit Napoléon en scène. L'acteur chargé de ce rôle, Gobert, si je ne me trompe, le jouait fort bien et la ressemblance était, paraît-il, frappante. L'Empereur alla le voir en compagnie de Duroc.

Malgré les efforts de l'administration, malgré le zèle et le talent des artistes et des auteurs, l'entreprise croula au bout d'un an. La dernière pièce fut jouée le 11 décembre 1810.

Outre les pièces déjà citées, on avait joué, entre autres:

La Mort de Bayard, — la Chaumière au pied des Alpes, — le Marin provençal, — la Petite guerre, — l'Auberge allemande, — Oromaze et Arimane, — Arlequin-Cendrillon, — les Fêtes d'Eleuzis, — le Siége de Dantzig, — la Chassomanie,— le Pont d'Arcole,— l'Union de Mars et de Flore, — l'Arsenal d'Inspruck, — Lapeyrouse, — l'Apothéose du duc de Montebello,— l'Homme du Destin, — la Journée de Marathon, — les Pyramides d'Egypte, — la Colonne de Rosbach, — l'Enfant et le Grenadier, — la Reine de Persépolis.

Après plusieurs années de fermeture, le théâtre de la porté Saint-Martin, sous la direction de M. *Saint-Romain*, ouvrit de nouveau ses portes le lundi 26 décembre 1814 par: *Nous y voilà, ou le Boulevard Saint-Martin*. Ce prologue, de Désaugiers et Brazier, fut suivi de : *le Vieux de la Montagne*, mélodrame de M. Cuvelier. La nouvelle troupe, formée de sujets déjà connus, inspira de la confiance au public, qui s'habitue toujours difficilement aux nouvelles figures. Ces artistes étaient : Philippe, Defrêne, Livaros, Thibouville, Théodore, Hippolyte, Moessard ; M^mes Jenny Vertprè, Vanhove aînée, Florval, D'Auteuil, Jenny Clairville, Saint-Amand, et plus tard Vissot, qui resta près de 40 ans. Comme danseurs : Blache, Maître, Clairançon, Chatillon, La Bottière, et M^mes Pierson. Aline Dorlé, Juliette, Pivert, Begrand, Zélie Mollard.

En 1819, Potier revint à ce théâtre : il débuta dans les *Originaux au café*.

En 1819, changement de direction. M. Lefeuve, nouveau titulaire, conserve la troupe.

A partir du 1^er mars 1822, direction de MM. de Serre et Merle, Solomé régisseur, mais M. Lefeuve toujours titulaire du privilége.

En 1823, le théâtre engage Dorval, mais laisse partir Potier.

1826 et 1827. — MM. Le Baron et de Montgenet en prenant à leur tour la direction de la Porte-Saint-Martin s'attachèrent Jouslin de la Salle comme directeur de la scène.

Sous leur direction débuta Frédérick Lemaître.

Monsieur de Montgenet, s'il n'était fou était tout au moins un remarquable excentrique, témoin les deux anecdotes suivantes :

M. de Montgenet, ennemi acharné du parti avancé de l'époque, avait un jour invité à dîner plusieurs de ses amis parmi lesquels plusieurs avocats. Au dessert on parla politique, chacun donnait son avis, le directeur était à peu près seul du sien, quand tout à coup il fit taire ses invités en leur annonçant une surprise des plus remarquables. On s'interroge, personne ne devinait, quand tout à coup les portes s'ouvrent et les opposants terrifiés voient apparaître plusieurs gendarmes qui les arrêtent bel et bien.

Pour la seconde excentricité M. de Montgenet n'eut pas le mérite de l'invention. Avant lui un directeur de l'Opéra avait été obligé de se retirer pour avoir donné plusieurs bals où le corps de ballet de son théâtre figurait dans le costume de nos premiers parents. M. de Montgenet trouva plaisant de renouveler le haut fait de son ancêtre.

# DIRECTION DE M. DE SERRES
## 1827

Ce directeur descendait au contrôle, se promenait devant quelques instants, puis rentrait au foyer des acteurs en s'écriant : « Je viens de faire une bonne affaire. Je défie maintenant mes contrôleurs de me voler *plus de 300 fr.* par soirée. » A cette époque on jouait la *Pie voleuse* et les comptes du contrôle ne se faisaient pas comme aujourd'hui, *coram populo*, mais bien dans une chambre noire comme celles des photographes. Ce même M. De Serres mettait si grande ardeur à se ruiner, qu'un jour montant sur la scène, il dit au père Moessard qui jouait dans la *Pie voleuse* un bon paysan : « Je veux que vous mettiez des bas de soie. » Grand amateur d'objets rares et de grand prix, il avait sur sa cheminée un canon en or, dont les roues étaient clouées avec des diamants. En fin de compte il se ruina complètement. Il avait acheté la table *authentique* des Maréchaux et jusqu'à sa mort il vécut des bénéfices que lui rapporta l'exhibition de cette fameuse table, en Angleterre. M. De Serres eut pour successeur, M. Crosnier.

## DIRECTION CROSNIER
### 1823

M. Crosnier, ancien régisseur du théâtre de la Porte-Saint-Martin en devint le directeur et ne songea qu'à le revendre. Trois fois, en effet, il vendit et reprit le théâtre, et gagna à ce commerce, et par le succès du drame de *Napoléon à Schoenbrun*, environ un million.

M. Crosnier mourut député. En sa qualité d'ancien directeur, il s'occupait toujours, à la Chambre, des questions de théâtre.

## DIRECTION DE LÉRIS ET LEFEUVE
### 1829

Direction éphémère s'il en fut. MM. De Léris et Lefeuve repassèrent la main à leur prédécesseur M. Crosnier qui leur avait donné en garantie un château qu'il avait en Normandie.

Par suite de mauvaises affaires, M. Crosnier reprit son château et son théâtre, mais il dut abandonner celui-ci pour la troisième et la dernière fois, et ce fut M. Harel, directeur de l'Odéon, qui prit les rênes de la Porte-Saint-Martin.

# DIRECTION HAREL
## 1830

Il a été beaucoup trop dit sur cette direction légendaire pour que nous nous y étendions outre mesure.

M. Harel avait acheté le théâtre 250,000 fr. et quand il le quitta il redevait encore 45,000 francs, c'est-à-dire qu'il réussit peu et cependant qui plus que lui était digne de réussir? Ce qu'il sut éviter de saisies est incalculable, les ingénieux d'aujourd'hui vont bien rire, mais Harel a fait ce que personne ne croira jamais.

Un huissier se présente un soir à la Porte-Saint-Martin orné de ses hommes qu'il place aux différents bureaux de recette, puis monte trouver Harel, qui l'attendait dans son cabinet directorial. Nous ne pouvons à notre grand regret rendre compte de la conversation qui eut lieu entre Harel et l'officier ministériel, mais les recors qui attendaient leur patron reçurent au bout de quelques instants l'ordre de s'éloigner sans rien saisir.

Quelques instants après l'huissier sortait du cabinet d'Harel avec des larmes dans les yeux. Un garçon de théâtre, homme de confiance du directeur l'accompagnait jusqu'à son domicile et en revenait avec

3,000 francs prêtés par l'huissier à Harel.

Trouvez-en des directeurs de cette force-là, peut-être aussi n'y a-t-il plus de bons huissiers.

On lui avait donné l'autorisation de représenter le *Vautrin* de Balzac, le ministère en donnant cette autorisation, avait voulu avoir des motifs d'interdire absolument la pièce.

Malgré toutes les réserves que le ministère avait faites pour cette pièce, Harel n'en avait pas moins fait les démarches nécessaires pour obtenir gain de cause.

Il fit ces démarches en compagnie de l'auteur, M. de Balzac. Le personnel de l'administration attendait avec anxiété, sous le péristyle du théâtre, la décision du ministère.

Enfin, Harel est de retour avec M. de Balzac; tout le monde interroge le directeur et l'auteur : Eh! bien, qu'avez-vous obtenu?

— Le ministre a été impitoyable, répond Harel.

Tout le monde s'étonne.

— Vous n'avez donc pas su défendre votre cause; lauteur n'a donc rien dit?

— Balzac! C'est *une oie sans plumes*, s'écrie Harel.

*Vautrin* n'eut qu'une seule représentation, dont on a raconté mille fois les péripéties. C'est à la suite de *Vautrin* et de la fermeture du théâtre... par ordre, que Harel occupa ses loisirs... forcés, en écrivant un discours sur Voltaire qui fut couronné à l'Académie. Après, il organisa une troupe avec M^{lle} Georges en tète, pour aller en Russie.

Dans la patrie des czars il eut quelques succès avec l'ancien et le nouveau répertoire. De retour en France, il se fit auteur dramatique, et fit jouer avec beaucoup de peine à cause d'intrigues ourdies contre lui par le directeur de la Comédie-Française et ses sociétaires, une comédie qui eut un certain retentissement. Encouragé par son succès, il ne continua pas moins à vouloir écrire pour le théâtre, et il écrivit tant et tant, à tort et à travers, que sa raison céda devant l'ardeur vertigineuse de sa plume.

Les efforts d'imagination qu'il avait faits pour pouvoir diriger pendant sept ans, sans argent, un des plus importants théâtres de Paris, l'avait usé, et les facultés mentales s'étaient dissipées comme tout le reste. Harel mourut fou, ou à peu près, à la maison de santé de Picpus.

Comme il était chef de bataillon de la 11^e légion de la garde nationale, en raison de ce grade, chaque fois qu'il était de service aux Tuileries, il dînait à la table du roi. Le roi, toujours prévoyant, avertissait la reine qu'ils auraient Harel à dîner, et

qu'en conséquence, il la priait bien de ne
pas parler théâtre pendant le repas.

La reine, oubliant complétement la recommandation du roi. dit à M. Harel : Eh
bien, M. Harel, comment va le théâtre ?
Harel, enchanté que la conversation s'engage en ces termes, répond à la reine :
Oh ! très-mal, si je n'ai pas 40,000 francs
demain, trois cents familles sont plon-
gées dans la misère. Et il continue par
un discours sur le théâtre, après le dessert, tout le monde quitte la table royale ;
mais Harel, qui veut continuer son discours
aborde audacieusement le roi, l'entraîne
dans une embrasure de croisée et lui de-
mande 40,000 francs à emprunter. Le roi
lui répond: Mon cher Harel (et il lui frappe
sur l'épaule), si j'avais 40,000 francs, je ne
vous les prêterais pas, — phrase à double
entente, bien placée dans la bouche d'un
roi comme Louis-Philippe, qui ne manquait pas d'esprit.

Harel eut, à son convoi, les honneurs
militaires dus à sa rosette d'officier de la
Légion d'honneur.

Préfet de l'Isère à vingt et un ans, après
les événements de 1814, lorsqu'il avait ar-
rêté l'ennemi dans sa marche sur Paris.

En 1815, expatrié, il vécut en Espagne,
à son retour de la Péninsule Ibérique, il
il vint à Bordeaux, où il se rencontra avec

M^lle Georges, qui y donnait des représentations.

Elle le nomma son secrétaire. C'est de cette époque que date l'amitié qui unit Harel à Mlle Georges, amitié qui ne se démentit jamais.

---

## DIRECTION DES FRÈRES COGNIARD

### (1840)

La Porte-Saint-Martin, sous la direction de ces deux habiles auteurs, devait, d'après leur résolution première, devenir un théâtre jouant le genre des Folies-Dramatiques, si propice à M. Mourier. Mais ces messieurs ne tardèrent pas à s'apercevoir qu'ils s'étaient trompés. Leur pièce d'inauguration, *La mère Saint-Martin*, n'eut pas le succès qu'on en attendait. MM. Cogniard tâtonnèrent pendant une année ; ce n'est qu'après qu'ils trouvèrent un grand succès dans une revue de leur composition (à cette époque les directeurs pouvaient jouer leurs pièces et les signer), intitulée : *1841 et 1941*. Dumas père leur offrit ses pièces, comme, par exemple, *Les Mousquetaires*, mais les frères Cogniard, voulant user de leurs droits superbes de directeurs, voulurent

que Dumas leur soumît ses pièces d'abord,
comme le commun des mortels.

Dumas, froissé de cette prétention à laquelle il était peu habitué, ne se repré-
senta plus, et jura que, puisqu'il en était
ainsi, il se ferait faire un théâtre à lui
pour jouer ses pièces.

Ce projet fut réalisé par la construction
du Théâtre-Historique, qui ouvrit deux ans
après, sous la direction Hostein, par une
pièce de Dumas.

Après leur revue, les frères Cogniard
montèrent des drames et des féeries et
tous les ans une revue dont ils étaient les
auteurs. On peut encore citer comme pièces
à succès jouées sous leur direction : *Les
2 Serruriers; Don César de Bazan*, un
triomphe de Frédérick Lemaître; *La
Biche au Bois; Les Mille et une Nuits*,
grande féerie; *La Belle aux Cheveux d'Or*, autre féerie; *Les Sept Merveilles du Monde, Michel Brémont* de
Viennet. *Toussaint Louverture.* 1848 arriva; les frères Cogniard quittèrent la
Porte-St-Martin, tout en restant respon-
sables des loyers, et les acteurs conti-
nuèrent à jouer, en société. Comme ces
sortes d'associations sont toujours peu
productives, elles ont, pour cette raison,
très-peu de durée; c'est alors que se pré-
senta M. Tilly, qui prit la direction.

# DIRECTION TILLY

## (1849)

Cette direction n'eut pas longue vie. M. Tilly dirigea de concert avec sa fille, comédienne retirée, qui avait joué au Vaudeville. M. Tilly avait pris une charge au-dessus de ses forces. Il s'en aperçut bientôt, après avoir englouti 40,000 francs. Rien de bien saillant à signaler parmi les pièces jouées sous cette direction éphémère.

---

# DIRECTION FOURNIER, VERNEUIL, LEMAIRE ET C<sup>ie</sup>

C'est cette société qui monta *Rome*, seul ouvrage important qui aurait pu être productif pour leur direction, si l'autorité n'avait fait arrêter l'ouvrage après la troisième représentation.

On utilisa les décors et les costumes pour faire la mise en scène du *Connétable de Bourbon*, pièce faite en quelques jours par le directeur de la scène d'alors, M. Cormon, en collaboration avec M. Grangé.

2

La société Fournier-Verneuil, Lemaire et C° cessa d'exploiter la Porte-St-Martin à la suite d'un arrangement pris avec le personnel, arrangement par lequel la société se retirait avec les honneurs de la guerre.

---

## DIRECTION VICTOR HENRI

Cette direction, comme celle de M. Tilly, n'a laissé ancun grand souvenir. Après quelques mois d'exploitation, M. Victor Henri s'adjoignit M. Foucaut, directeur d'assurances, qui devint son bailleur de fonds et qui fit remettre la salle à neuf, en y apportant de nombreuses modifications. C'est sous cette direction qu'au détriment de la quantité des places, le public put se prélasser dans de bons et confortables fauteuils, comme nous n'en voyons plus, aujourd'hui qu'on veut tirer parti des moindres recoins d'une salle. M. Victor Henri, resté comédien, joue aujourd'hui en province les ganaches du vieux et du nouveau répertoire.

Après la faillite de M. Victor Henri, M. Foucaut, son bailleur de fonds, garda le théâtre, le dirigeant avec le régisseur Desgranges. Mais cette direction n'eut aucune durée. M. Foucaut eut le sort de M. Victor Henri.

C'est ce M. Foucaut qui, sans cesse poursuivi par sa femme, avait toujours 30 à 40,000 francs sur lui, dans la crainte qu'on ne les enlevât de chez lui ; le plus fort est qu'il repassait sa liasse de billets de banque à son fidèle régisseur lorsqu'il craignait qu'on ne s'en prît à ses poches.

Le régisseur exhibait, radieux, les 30,000 francs aux artistes, dans les circonstances difficiles où il croyait nécessaire de rassurer cet incrédule personnel.

---

## DIRECTION COURNIER

C'était un directeur avec le caractère *du doute et de la croyance*, pièce dont il est l'auteur. C'était l'inquiétude perpétuelle, prenant trop au sérieux les rapports intéressés de certains employés ou comédiens.

Discerner le vrai du faux était ce qui mettait M. Cournier dans des alternatives de toutes sortes. Sous cette direction fut joué *Claudie*, de Georges Sand, avec Bocage. Ce fut le succès le plus remarquable de cette direction.

---

## DIRECTION MARC-FOURNIER

### (1851)

La Porte-Saint-Martin était enguignon née, quatre directeurs venaient tour à tour d'y faire faillite lorsque M. Marc-Fournier est nommé par privilége directeur du théâtre de la Porte-Saint-Martin. Il remporte la victoire sur 12 concurrents dont faisaient partie MM. Bocage, Hippolyte Cogniard, etc., etc.

M. Marc-Fournier ouvrit le 27 décembre 1851 au lendemain du coup d'État qui avait retardé son ouverture de près d'un mois. Ce fut même à cet événement politique qu'il dut de voir s'évanouir toutes les espérances de commandite qu'il avait nourries depuis le mois d'octobre, et, détail curieux, lorsqu'il eut donné 30,000 fr. de loyer d'avance au propriétaire, 30,000 fr. do cautionnement à l'État et payé les appointements des artistes dont les engagements couraient depuis 2 mois ainsi que les frais de sa pièce d'ouverture : l'*Imagier de Harlem*, il leva le rideau et commença sa période de seize années 1/2 de direction avec un encaisse de *325 francs* pour toute fortune. Nous sommes loin des 500,000 fr. de commandite de certain théâtre, commandite qui n'ailleurs a duré moins

longtemps que les *325 fr.* de M. Fournier.

Le bonheur voulut que dès le lendemain le succès s'implantât dans le théâtre
de M. Fournier qui donna coup sur coup
après l'*Imagier de Harlem: La Poissarde*;
*Richard III: Les nuits de la Seine*; *Ben-
venuto Cellini*, etc. Autant de pièces autant de succès. Un joli détail sur *Benve-
nuto Cellini*, Dumas était absent et
Paul Meurice son collaborateur était en
prison, de sorte que M. Marc-Fournier
dut faire autant de conciergerie que M. Paul
Meurice, car il allait tous les matins s'en-
fermer dans la cellule du prisonnier pour
lui arracher la pièce scène par scène et
s'entendre avec lui de tous les détails de
costumes et de décors.

C'est en 1853 que M. Marc-Fournier
monta la première des quatre féeries qu'il
a fait jouer pendant sa direction. Cette première féerie était de MM. Dennery et Grangé
et s'appelait : *Les 7 Merveilles du Monde.*

M. Marc-Fournier fut au milieu des répétitions de cette pièce abandonné par
son chef machiniste qui n'avait qu'un
traité verbal, aussi écouta-t-il les offres
d'un directeur de Paris concurrent de
M. Marc Fournier.

A ce chef machiniste qui se nommait
Marie succéda un nommé Griffe qui arrivait de Saint-Pétersbourg précédé d'une

réputation colossale. Il la justifia si bien
qu'au bout de 3 mois de travaux, il fallut
le remplacer et remplacer tout ce qu'il
avait fait. Ce fut le 15 août 1853 que
M. Marc-Fournier ayant pris alors M. Ca-
ron pour chef-machiniste commença une
période de travaux qui dura 22 jours et
22 nuits sans que ni l'un ni l'autre eussent dormi plus de 2 heures de suite et
ailleurs que sur des matelas qu'on leur
jetait, soit dans le foyer, soit dans les
loges. On voit que de toute manière l'ap-
prentissage de Marc-Fournier était dur,
mais qu'il n'en était que meilleur. *Les
7 Merveilles du Monde* furent le premier
spécimen de ces mises en scène à ou-
trance qui ont été suivies de tant d'imitations mais qui laissent M. Marc-Fournier le chef de cette école du faste scè-
nique. Cependant nous avons entendu
souvent M. Marc-Fournier repousser ce
titre et soutenir au contraire que chaque
fois qu'il se laissa entraîner à ses fan-
taisies extravagantes, ce fut de sa part,
ou de l'impuissance ou par des néces-
sités secrètes qui ne concernaient que
sa caisse. Pour lui l'art de la mise en
scène est bien loin d'être dans la profu-
sion des décors et dans le miroitement
des costumes. A plusieurs reprises il a
donné la preuve d'un art véritable de metteur en scène dans lequel alors il n'avait

d'autres rivaux qu'Alexandre Dumas père
et M. Montigny. Deux circonstances surtout qu'il aime à rappeler furent pour lui
deux occasions de montrer ce qu'il pouvait faire sur le terrain de l'art propre-
ment dit. En 1855 la Commission d'examen après avoir assisté à la répétition
générale d'une grande pièce de Paul Meurice, intitulée : Paris déclara l'un des tableaux impossible et en ordonna la sup-
pression. Ce tableau représentait l'un des
quais de la Seine devant le vieux Louvre
et le massacre de la Saint-Barthélemy.
L'auteur furieux menaçait de retirer la
pièce.

« Voyons, dit M. Marc-Fournier à l'un
des censeurs, cherchons ensemble s'il
n'y a pas un moyen de sauver le tableau.

— Je n'en vois qu'un, répondit sèche-
ment le fonctionnaire aux grands ciseaux,
c'est de montrer le décor qui est fort beau
et d'enlever tout le reste.

— Y compris le dialogue? demanda
M. Fournier.

— Surtout le dialogue !

— C'est bien répondit le jeune impresario il sera fait comme vous le demandez.
Je vous ajourne à trois jours. »

Paul Meurice pensa que Marc-Fournier
devenait fou (et il y avait de quoi), mais
celui-ci avait déjà son idée.

Trois jours après il y avait 300 personnes dans la salle parmi lesquelles figurait au grand complet toute la commission d'examen. On lève la toile sur le fameux tableau. Il est nuit, la Seine charrie des flots noirs, sur ses bords. Le Louvre étincelle de lumières; tout à coup et dans un profond silence, Catherine de Médicis, qui échappe à la foule des courtisans qui osent applaudir à sa sanglante victoire apparaît sur le balcon historique de Charles IX, pâle, sombre, sinistre! Elle ne dit pas un mot, minuit sonne au beffroi du Louvre et à ce tintement lugubre, émergent aussitôt de la rivière les cadavres effrayants des huguenots massacrés. La foule en est compacte. Les poses en sont dramatiques, l'arrangement de toute cette figuration aidée par la peinture est d'un effet puissant. La reine sanglante, se penche, regarde, reconnaît ses victimes, pousse un cri épouvantable et tombe évanouie.

M. Marc-Fournier avait obéi à la Censure. Il ne s'était pas dit un seul mot durant ce tableau où avait triomphé l'art du véritable metteur en scène.

Toujours est-il que la Censure fut si émerveillée de cette trouvaille qui levait toutes les difficultés, qu'elle autorisa le tableau, au milieu des applaudissements de toute l'assistance et que l'auteur charmé de ce commencement de concession, n'eut de repos que lorsqu'il eut obtenu de placer un monologue dans la bouche de Catherine de Médicis.

La seconde aventure de ce genre eut pour cause ce que Panurge appelait si ingénuement *le flux de bourse*, Marc-Fournier montait le *Bossu* et n'avait plus un rouge liard en caisse. Il sortait d'une de ces crises qui lui devenaient familières et où avait sombré ce qui lui restait de crédit; or les auteurs avaient une idée à laquelle ils tenaient comme à leur pièce. Ils voulaient que le dernier tableau du *Bossu* se passât comme dans le roman même, en pleine nuit et au milieu du cloître du Marché des Innocents. On était arrivé à l'avant-veille de la représentation et M. Marc-Fournier promettait de jour en jour de monter ce fameux décor qui devait être d'un effet immense et qu'il s'était bien gardé de commander, attendu qu'à ce moment-là, il n'eût pas trouvé de peintre qui eût travaillé pour lui à crédit, Mais il réfléchissait et en face de l'idée des auteurs il en cherchait une à son tour. Ce fut 24 heures avant la représentation qu'il la trouva. Anicet Bourgeois était un homme de bon sens, d'un tact dramatique très-remarquable et qui se gardait bien de repousser les idées quand elles étaient bonnes. Or, celle de Marc-Fournier était de faire passer le dernier tableau dans les fossés de Nevers qu'on avait vus au prologue et où avait eu lieu l'assassinat. La punition de l'assassin sur le lieu même du crime, ce tribunal de nuit assemblé sur le sol même qui avait été arrosé du sang de la victime, tout cela à son sens devait faire un effet autrement saisissant que la poursuite du criminel dans des ruines inconnues.

— Mais, mon pauvre ami, dit Anicet-Bourgeois, c'est superbe, mais qu'allez-vous faire de notre grand décor? Voilà un sacrifice bien douloureux pour vous.

— Mon cher ami, dit Fournier, quand je monte une pièce de vous, je ne recule devant rien. Et l'effet produit par le 5e acte à la première représentation ne fut dû qu'à l'absence totale de 10,000 francs dans la caisse du directeur.

On multiplierait à l'infini les anecdotes de ce genre, qui émaillent la direction Marc-Fournier, dont l'intelligence se développait surtout par l'obstacle, et qui ne s'élevait jamais plus haut que lorsqu'il était au plus bas.

On parle aujourd'hui beaucoup de la longévité des pièces, et l'on cite notamment : *Orphée aux Enfers* ; *La Fille de M<sup>me</sup> Angot* ; *Le Tour du Monde en 80 Jours* ; etc. Cela tient surtout à ce qu'aujourd'hui ce qu'on appelle le *reportage dramatique*, ayant besoin d'être alimenté chaque jour par des petits faits-nouveaux, s'occupe de choses dont la presse ne s'occupait pas du tout naguère.

Aujourd'hui les admirations, les extasiements sont de mode, et cela, parce que chaque cri, chaque éloge, chaque étonnement représente pour le reporter dramatique, une de ces lignes précieuses dont il faut qu'il couvre chaque jour une colonne de journal. Aujourd'hui chaque directeur a son Dangeau. Mais si l'on veut bien fouiller dans le passé, on verra, sans remonter bien haut, que les pièces, en ce temps-là, savaient vieillir aussi bien qu'aujourd'hui et avec la même prospérité. Le même théâtre qui affiche les 300 représentations du *Tour du Monde* de MM. Dennery et Verne, affichait il y a quelques années:

La *250ᵉ représentation*
du *Fils de la Nuit;*
La *210ᵉ représentation*
des *Chevaliers du Brouillard;*
La *220ᵉ du Bossu;*
et enfin la *400ᵉ* représentation de
*La Biche au Bois,*

qui, avec la reprise de l'année suivante, en eut plus de *cinq cents* représentations en deux ans.

Nous parlions tout à l'heure de la Censure. Rappelons à ce propos un de ces actes de courtisanerie auxquels elle était sujette, et qui, par l'exagération même, arrivaient jusqu'à l'injure.

Lorsque Bouilhet donna *Faustine* au théâtre de la Porte-St-Martin, la pièce, examinée par la commission du ministère d'Etat, parut dangereuse à ces messieurs et de nature à susciter à la représentation des manifestations désagréables. Nous le donnerions en mille au lecteur qu'il ne parviendrait pas à deviner pourquoi. Eh bien, ces messieurs avaient remarqué que la pièce contenait un honnête homme et que cet honnête homme était un empereur.

Stupéfaction de l'auteur et du directeur qui n'avaient pas prévu cette singulière objection : seulement, après y avoir songé quelques minutes, Marc-Fournier se mit à rire et dit à Bouilhet : La difficulté sera levée dans 24 heures. Envoyez une copie de votre pièce à l'Empereur lui-même, et dans une lettre délicatement tournée faites-lui connaître les craintes de ceux qui sont spécialement payés pour défendre l'Empire. Bouilhet le fit et M. Marc-Fournier conserve le manuscrit qui passa sous les yeux de Napoléon III, et en tête duquel celui-ci, après lecture, écrivit et signa ces deux mots : *très-beau*.

Toutes les têtes se courbèrent devant cette approbation impériale et la pièce fut jouée sans plus d'encombre, mais le César des Tuileries dut relire avec fruit la fable de Lafontaine, intitulée : *L'Ours et l'amateur de jardins*, et plus connue par sa moralité ; le pavé de l'ours.

Pendant que nous sommes aux Tuileries parlons un peu de M. Mocquart, cet auteur dramatique pour qui les routes du théâtre, si difficiles aux commençants, n'eurent que des roses au lieu de ronces. M. Mocquart, secrétaire de l'Empereur, avait déjà eu, en 1851, la velléité de faire un grand drame historique avec M. Marc-Fournier, et le sujet choisi par celui qui était déjà chef du cabinet du président de la République, n'était rien moins que la fondation de la République américaine par Washington. Le secrétaire en avait parlé au Prince qui avait fortement approuvé le projet comme étant tout à fait d'actualité.

M. Marc-Fournier se mit donc à piocher son Washington et annonçait déjà à son collaborateur que tout allait être terminé lorsqu'il reçut ces trois lignes émanant de son collaborateur, confident de l'Elysée.

« Tout sera terminé pour le retour du calme, m'écrivez-vous, mais les nuages semblent s'amonceler ! ! ! »

Marc-Fournier qui, paraît-il, savait lire entre les lignes, suspendit son travail et fit bien.

La lettre de M. Mocquart est datée du

11 février 1851. La lettre et l'année sont également historiques.

Les *Treize Etoiles* publiées dans le *Petit Journal*, 23 ans plus tard, et qui racontent la guerre de l'Indépendance américaine, ne sont autre chose que la mise en roman par M. Marc-Fournier du projet de pièce fait en 1851.

M. Mocquart cependant ne se tint pas pour battu et, n'ayant pu être un auteur dramatique républicain, fit avec Victor Séjour *Les Massacres de Syrie* à l'époque de la guerre d'Orient, *La Prise de Pékin*, en l'honneur de la guerre de Chine, et enfin *La Tireuse de Cartes* qui répondait, dit-on, à une des préoccupations secrètes de l'Empereur. Cette dernière pièce à laquelle le public était convaincu que Napoléon avait travaillé, et qui avait pour sujet le scandale européen suscité par la séquestration du jeune Mortara, fut un des plus grands succès de la Porte-Saint-Martin.

L'Empereur avait-il travaillé à la pièce?

C'est ce que nous ne saurions affirmer. Toujours est-il qu'en sortant de sa loge, le soir de la 1re représentation, Napoléon dit à Marc-Fournier:

« Je ne sais pourquoi Mocquart s'est obstiné à conserver ce 5e acte, je le trouve très-mauvais. »

L'acte en effet dut être modifié et considérablement allégé dès le lendemain.

On a beaucoup reproché à Marc-Fournier de n'avoir fait que peu d'efforts pour obtenir la levée de l'interdiction qui frappait les œuvres dramatiques de Victor Hugo. C'est une erreur, il fut un de ceux qui firent des pieds et des mains pour faire lever l'interdit. On sait que Hugo aurait pu obtenir le droit de faire jouer ses pièces, s'il l'eût demandé; mais c'était à qui du Gouvernement et de lui ne ferait pas le premier pas. Ce fut alors que M. Vacquerie laissa entendre à M. Marc-Fournier que, s'il lui recevait et lui montait un ouvrage, la joie qu'en éprouverait le solitaire de Guernesey irait jusqu'à vaincre ses scrupules et qu'il autoriserait une démarche en son nom auprès du ministère d'Etat. M. Marc-Fournier monta *Les Funérailles de l'Honneur*, four complet, ce qui ne toucha pas Hugo.

Disons en passant, et pour rendre toute justice à qui de droit, que l'homme qui montra le plus de passion et le plus de persistance à écarter l'ostracisme qui privait le théâtre contemporain de l'une de ses gloires, fut M. Camille Doucet.

On a beaucoup dit de choses sur le caractère et la conduite de M. Camille Doucet durant ses délicates et difficiles fonctions au ministère d'Etat; il n'en est pas moins vrai que, s'il est un fait à son honneur qui révèle même de sa part une assez bonne dose de courage, c'est qu'il ne cessa jamais de revenir constamment à la charge, à propos de la mesure libérale qu'il réclamait, et qu'il vit enfin ses efforts couronnés de succès en 1867, *lorsque sans que Hugo l'eût demandé*, on autorisa au Théâtre-Français la représentation d'*Hernani*, reprise qui entraîna bientôt toutes les autres.

On a beaucoup parlé à propos de M. Marc-Fournier du faste de son existence. Il est certain qu'il avait un peu les défauts de ses qualités et que son imagination très-vive l'entraînait trop souvent à transporter dans la vie privée des prodigalités de mise en scène auxquelles il soumettait son théâtre. Seulement on peut ajouter qu'avec une souplesse de tempérament très-remarquable il a su être à l'aise dans toutes les situations les plus diverses de sa fortune.

Le lendemain du jour où sa ruine comme directeur fut décidée, il reprit la plume du journaliste et du romancier avec une gaieté philosophique qui fait sa force et qui ne l'abandonnera jamais.

## DIRECTION RAPHAEL-FÉLIX

### (1868)

M. Raphaël-Félix qui succéda, en 1868 à M. Marc-Fournier après une assez longue fermeture du théâtre eut le bonheur d'hériter du dernier traité signé par M. Marc-Fournier avant sa chute.

M. Sardou, en effet, s'était engagé à fournir un drame au théâtre de la Porte-St-Martin. Ce drame fut : *Patrie*. On voit que l'héritage était bon.

Après ce grand succès, M. Raphaël-Félix, profitant de l'agonie libérale de l'Empire, bonne fortune que n'avait pas eue son prédécesseur, obtint la reprise du *Chevalier de Maison Rouge* et de *Lucrèce Borgia* et assura avec ces deux ouvrages la prospérité de son entreprise, laquelle fut malheureusement interrompue par la guerre et l'incendie du théâtre. Peu de temps après M. Raphaël-Félix mourait à Londres dans une situation de fortune assez précaire. Si l'on pouvait établir une comparaison entre le prédécesseur et le successeur, il faudrait dire que M. Marc-Fournier faisait trop grand et que M. Raphaël-Félix faisait trop de choses à la fois.

L'un se perdait dans le gigantesque,

l'autre dans la multiplicité des affaires.
Ni l'un ni l'autre n'ont fait fortune.

---

# RÉOUVERTURE DU THÉATRE DE LA PORTE-SAINT-MARTIN

*Soirée d'inauguration (le Dimanche
28 Septembre 1873).*

Nous empruntons au *Monsieur de l'Orchestre* du *Figaro* le compte rendu de la
soirée d'inauguration de la Porte-Saint-Martin, qui ouvrit ses portes le 28 Septembre 1873 par *Marie Tudor*.

Cette réouverture si attendue de la Porte-Saint-Martin, cette réouverture qui, dès hier
matin, avait mis tout Paris en mouvement, a
bien failli ne pas avoir lieu faute d'une répétition générale.

D'une répétition de la pièce ? Non. Vous
pensez bien qu'avant de laisser imprimer sur
les affiches ce mot solennel : « Aujourd'hui, »
on était certain d'être bien prêt.

Seulement, MM. Ritt et Larochelle, tout
entiers aux préoccupations multiples d'une
direction qui commence, avaient négligé un
détail.

Quand une salle va ouvrir pour la première fois ses portes au public, il y a à remplir une formalité commandée par les réglements de police et qui ne manque pas d'originalité :

On répète généralement l'incendie.

En termes techniques cela s'appelle « l'alarme du feu ».

C'est bien simple : à un moment donné une voix effrayée crie : Au feu ! Aussitôt les pompiers surgissent de tous côtés, la lance en main. Ils ouvrent les bouches à eau, vont, viennent, se démènent en exécutant toutes les manœuvres de sauvetage, comme s'ils avaient affaire à un incendie véritable.

Pendant ce temps, figurants, comparses, machinistes, gaziers, amis des auteurs, toutes les personnes de bonne volonté, tout ce qui peut faire nombre, se précipitent avec une terreur folle vers les issues. Le tout afin de s'assurer que les dégagements sont suffisants et que le matériel de sauvetage est en bon état.

C'est cette formalité qui avait été négligée. Aussi, dans la journée, un officier de paix s'est présenté au théâtre, déclarant s'opposer à l'ouverture.

Les directeurs étaient dans la désolation. Enfin, à force de parlementer, ils ont réussi à fléchir les rigueurs de l'administration.

Mais, c'est égal, pendant toute la représentation, je n'étais pas tranquille. Je me disais :

— Si pourtant le feu prenait réellement, comment ferions-nous ? Personne ne sait son rôle !

Ils ont beau être deux directeurs à la Porte Saint-Martin, MM. Larochelle et Ritt, doublés d'un secrétaire général, M. Emile

Abraham, ces messieurs ont été impuissants à répondre à toutes les demandes de places qui leur sont parvenues depuis quinze jours.

Sans compter les journalistes, les hommes de lettres, les administrateurs et secrétaires généraux des théâtres, la direction a dû tenir tête aux architectes, aux entrepreneurs, aux tapissiers du théâtre, au gazier, au décorateur, au doreur, au peintre, au fournisseur des petits bancs, à l'industriel qui a installé les water-closets selon la dernière mode anglaise, au serrurier, aux abonnés du *Rappel*, aux électeurs de M. Lockroy, à tous les mirmidons de la démocratie qui se figurent avoir des droits sur Victor Hugo.

Tous ces gens-là ont poursuivi les directeurs de la Porte-Saint-Martin, ils ont accaparé Ritt, ils se sont rués sur Abraham, ils ont fait le siège de Larochelle.

Plus d'un, ayant plus de persévérance que de droits, est parvenu, à force de démarches, de supplications et de courbettes, à avoir sa place à cette première où tant de « gens à premières » n'ont pu avoir la leur.

La foule est aussi grande au dehors qu'au dedans. On n'arrive au théâtre qu'à travers une double haie de curieux.

Au contrôle, on distribue un joli programme rouge et vert aux arrivants. C'est une attention d'ouverture.

Les corridors sentent encore un peu la peinture ; les indications ordinaires : *fauteuils d'orchestre, baignoires,* etc., sont inscrites à la craie sur les portes ; les loges manquent de patères ; mais à part cela la salle est finie et bien finie.

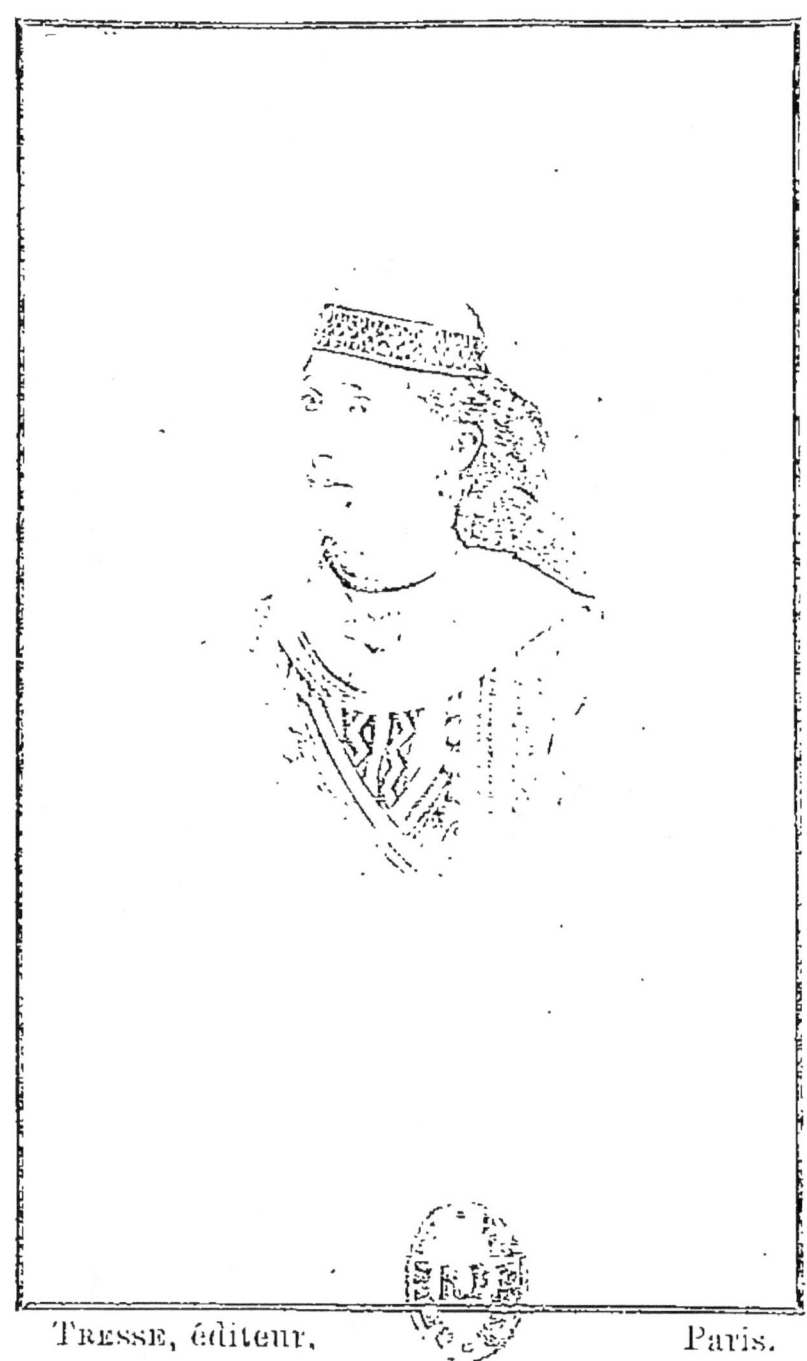

TRESSE, éditeur.        Paris.

DICA PETIT

On y voit bien et on se voit bien. Le coup
d'œil est agréable. Il y a des dames en toilette et des célébrités littéraires jusqu'aux
secondes galeries.

En dehors des critiques ordinaires et de
quelques actrices, j'ai remarqué :

MM. Jules Grévy, Scherer, Alphand, Cer-
nuschi, Louis Blanc, Noël Parfait, Hector
Pessard, Halanzier, de Leuven, Hostein, Can-
tin, Duquesnel, Comte, les docteurs Mandl et
Fauvel, Manet, les éditeurs Lévy, Charpen-
tier, Heugel ; Verteuil, de la Comédie-Française ; Delahaye, de l'opéra ; Belot, Cogniard,
Meilhac, Halévy ; Crémieux, Siraudin, Gondinet, Péragallo, Ambroise Thomas, Camille
Doucet.

Un voisin du théâtre me raconte que, pendant les répétitions de *Marie Tudor*, il s'est
joué une comédie bien intéressante.

L'administration de la Porte-Saint-Martin,
qui ne recule devant aucune dépense, avait
tous les jours, à poste fixe, une cinquantaine
de jeunes voyous tantôt dans la rue de Bondy
et tantôt sur le boulevard Saint-Martin. Aussitôt que le maître sortait, les jeunes voyous
se mettaient à crier :

— Vive Victor Hugo !

Et Hugo saluait.

Mais le poète, malgré son orgueil immense,
n'est pas de ceux qu'on trompe facilement.
Il sait distinguer les fausses ovations des
vraies. La persistance des cris de ces voyous
qui toujours se trouvaient sur son chemin lui
inspira des doutes. Un jour, il sortit de la répétition avec les directeurs. Les voyous
étaient là qui se mirent à crier :

— Vive Victor Hugo !

Hugo se tourna vers M. Larochelle, et avec un fin sourire :

— Vous soignez très-bien votre figuration ! lui dit-il.

Le lendemain, il n'y eut plus de voyous.

La sérénade célèbre du premier acte a causé un certain embarras à la direction. Il n'y a pas de poésie qui ait inspiré plus de compositeurs que celle-là. Chacun connaît la délicieuse musique de Gounod :

> Chantez, ma belle,
> Chantez toujours !

Et, ma foi, dans la salle, on ne doutait pas un instant que c'était celle-là qu'on aurait choisie. Il est vrai que M. Larochelle n'eût pas demandé mieux et que M. Ritt partageait l'avis de M. Larochelle, mais ces messieurs étaient les humbles valets de Victor Hugo, et le maître voulait la musique de 1833, la musique de Piccini, fils du grand Piccini, le rival de Glück. J'ai vu le moment où l'on allait réclamer la composition de Gounod.

Il y aurait un moyen pour mettre tout le monde d'accord : Victor Hugo et le public. On pourrait chanter un soir la sérénade avec la musique de Piccini et un autre soir avec la musique de Gounod. Nous aurions ainsi, au lieu des glückistes, les gounodistes et les piccinistes. A moins qu'on veuille se décider à faire chanter la sérénade de Piccini avec l'accompagnement de Gounod.

Deux mots qui résument assez bien la physionomie de la soirée.

Un titi, en regagnant sa place aux galeries supérieures, s'écrie avec un désespoir comique :

Etre du peuple ! O rage !

Plus loin, M. Billion, le prodigue directeur de l'Ambigu, exalte les beautés de la pièce.

— Ce Victor Hugo ! quel génie ! quelle entente de la scène ! Tout un premier acte qui se passe dans l'obscurité. Une heure sans gaz.

---

## DIRECTION RITT ET LAROCHELLE

*Marie Tudor* fit peu de recettes. Malgré le nom d'Hugo, le talent des interprètes : Frédérick Lemaître, Dumaine, Taillade, Marie Laurent, etc., etc., la pièce ne put être jouée 40 fois.

Les directeurs associés montèrent alors avec un grand luxe un drame très-remarquable de Gondinet, *Libres*. Cette pièce obtint une mention de l'Académie Française, elle ne plut pas davantage au public que *Marie Tudor*.

On reprit alors *Don Juan d'Autriche*, puis *Henri III et sa cour*, puis *le Pied de Mouton*, arrangé par H. Crémieux. Les recettes furent maigres, la malechance semblait poursuivre la courageuse direction, qui mit enfin la main sur un succès co-

lossal, succès de larmes qui rappelait les
pièces légendaires de l'ancien boulevard.
*Les Deux Orphelines* furent jouées cinq
mois et sauvèrent la situation.

MM. Ritt et Larochelle eurent le temps
de monter *Le Tour du Monde*, et l'on sait
la vogue de cette pièce quatre fois cente-
naire.

Nous ne pouvons mieux faire que de
reproduire en son entier l'article que M.
Arnold Mortier, le Monsieur de l'Orchestre
du *Figaro*, consacra à la première du *Tour
du Monde* :

On s'est embarqué à 7 heures 15 minutes
au Port Saint-Martin (la Porte Saint-
Martin va, pendant quelque temps, porter
ce nom).

Temps assez doux, un peu de brouillard.
Laissez-moi vous présenter le capitaine
M. Jules Verne.

C'est un homme de taille moyenne, au
regard vif, musclé, fort, portant toute sa
barbe. Cheveux grisonnants. Beau type de
marin. La parole brève, celle d'un hommn
habitué au commandement. On le dit bon
et on ne lui connaît que des amis. Pas un
pays qu'il n'ait visité. Il a exploré le centre
de l'Afrique en ballon; il s'est approché
de la lune et est descendu à l'intérieur du
globe terrestre. Quand il s'est proposé
d'arriver quelque part, il y arrive malgré

les obstacles, les accidents, les catastrophes ; il tente tout, brave tout et surpasse tout. Jamais capitaine n'a inspiré plus de confiance !

Vous savez quel est son second : c'est Adolphe d'Ennery.

Un navigateur émérite connaissant tous les écueils et sachant les éviter. Ne compte plus ses traversées heureuses. A fait quelquefois naufrage, ce qui lui a donné du calme dans le danger et le sang-froid au milieu des plus terribles tempêtes. Signe particulier : ne voyage que lesté d'énormes paquets de ficelles qui lui servent à boucher les voies d'eau lors qu'il s'en produit.

J'ai organisé, pour tenir mon public au courant des péripéties du voyage, un service spécial de pigeons-voyageurs. Les mêmes ont fait, lors de la dernière session législative, le service dn journal *la Liberté* ; c'est à dire qu'on peut compter sur eux.

*Londres, 8 heures du soir.* — Sortons du club des Excentriques. Un club meublé sans excentricités. Tables de jeu, divans, fauteuils, comme dans tous les clubs de la terre. On a hâte de quitter ces pays trop connus pour un meilleur nouveau monde.

## AFRIQUE

*Suez, neuf heures.* — Nous sommes sur un quai du canal de Suez. Temps splendide.

Un ciel d'un bleu fatigant. De Biéville, qui était un peu enrhumé, est complètement guéri grâce au climat exceptionnel de ce délicieux pays.

On nous a présentés au gouverneur de la ville, Mustapha-Pacha. Ce n'est pas celui que vous avez connu, il y a quelques années, boulevard Malesherbes, aussi grand seigneur que le Sultan et plus joueur que Khalil Bey.

Le paysage est de toute beauté. Du café qui se trouve sur la place, café tendu de tapis turcs, nous voyons les navires à l'ancre dans le canal et de petites barques qui vont et viennent. Au fond, la plaine arabique, terminée par des montagnes.

Une de mes compagnes de voyage trouve que cela manque de chameaux.

## ASIE

*Du fin fond d'une forêt indienne.* Vous expédie troisième pigeon du bungalow, sorte de caravansérail en ruine — à peu de distance de Calcutta. Serons à Calcutta dans quelques instants. On nous promet un éléphant. Arrêt dans la nécropole des Rajahs dans le Brundel-Kund (entre 106· 25' et 116· 5' long. E., 7· 7' lat. N. et 40 12' lat. S.)

Figurez-vous un vaste cimetière dont les monuments reproduisent toutes les fon-

taines de l'architecture indoue; quelques
arbres de l'espèce des ifs s'élèvent entre
les mausolées. Temps de plus en plus
beau, magnifique clair de lune. Une pro-
cession conduit la veuve qu'on va brûler,
au bûcher sur lequel repose le corps de
son royal époux, revêtu de ses plus
beaux habits, viennent d'abord les fakirs,
sortes de convulsionnaires à demi nus,
hurlant, gesticulant et criant.

Puis les prêtres coiffés de mitres et
vêtus de longues robes chamarrées.

La foule les entoure, laissant entendre
une étrange mélopée interrompue à inter-
valles égaux par des coups de tam-tam.

Ensuite les porteurs de torches et les
fanatiques, tatoués, affublés de longues
queues qui contournent trois ou quatre fois
leur taille, cabriolant, miaulant, glapis-
sant. Les musiciens, tambours, cymbaliers,
joueurs de trompes.

Les bayadères précèdent, en dansant,
la déesse Kali, déesse de l'Amour et de la
Mort; une statue à quatre bras, ayant,
autour du cou un collier de têtes de morts,
et à ses flancs, une ceinture de mains cou-
pées. Enfin l'éléphant, le fameux éléphant
qu'on avait tant vanté, tant annoncé, calme
et grave, ne se doutant pas de l'impression
qu'il cause sur nos compagnons de voyage.
Sur le dos du pachyderme une petite pagode
dans laquelle la veuve est couchée. Ce

sacrifice imposé à la femme qui a perdu son mari me fait l'effet d'agacer beaucoup deux de nos plus hardis voyageurs, Meilhac et Halévy, qui comprennent le veuvage d'une façon tout à fait différente.

*Calcutta (cinquième pigeon)*. Perdons beaucoup de temps dans les Indes. Rien à signaler. Tout le monde se porte bien.

*Bornéo*.—Joli pays, mais trop de serpents Il y en a partout, dans les arbres, dans les fleurs, dans les broussailles. Ils sifflent, bondissent, se tortillent. Les quatre serpents de la Rochelle, a dit Duquesnel. Heureusement qu'à côté des serpents nous avons les charmeuses; il paraît que rien ne produit de l'effet sur les serpents comme de chanter faux.

Très-jolies, les charmeuses, et leur fête est tout à fait réussie. M^lle Berthe Legrand une charmeuse aussi, et qui n'a pas charmé que des serpents refuse obstinément d'aller plus loin. Nous la laissons à Bornéo; prévenez sa famille.

## AMÉRIQUE

*San-Francisco*.— Mauvais pays pour les voyages en chemin de fer. Train du Pacifique attaqué par les Indiens Peaux-Rouges. A fallu livrer bataille en règle. Wagon des marchandises pillés. Plusieurs morts :

Voilà une de ces aventures dont on n'a pas idée entre Paris et Asnières.

Nous nous enfonçons dans le pays. Nous sommes au pied de l'escalier des géants : un escalier naturel de roches qui s'élève le long d'un torrent sortant d'une épaisse forêt. Au loin, de hautes montagnes couvertes de neige. Il fait très froid. De la glace et de la neige partout. De Biéville, qui avait laissé son rhume à Suez, se trouve pris de nouveau.

## EN MER

*A bord du steamer l'Henrietta* (par 37° 48' 30" lat. N, et 124° 48' 26" long. O.).

Nous sortons du carré du steamer pour monter sur le pont. Ce pont est traversé par une légère passerelle jetée sur les tambours. En arrière le dôme des chaudières, les soupapes, les cheminées, le tuyau d'échappement. Plus en arrière encore, le mât d'artimon sous pavillon américain. Au fond, la dunette ; sur le pont de la dunette, la roue du gouvernail, et le timonier à la roue. Le canot suspendu à l'arrière. Mais vous savez comment on navigue en Amérique. C'est de la démence ! Le balancier de la machine à vapeur s'élève et s'abaisse avec une effrayante véloité. Tout à coup une détonation épouvantable se fait entendre. Un immense jet de vapeur envahit le pont, une gerbe de feu s'élance vers le ciel. Les chaudières éclatent, et les morceaux se dispersent à gauche et à droite. La cheminée vole en éclats au milieu de torrents de fumée et de feu. Le navire s'engloutit.

Toujours en mer sur la dernière épave de *l'Henrietta*. Heureusement gardé un pigeon. Brouillard se dissipe. A l'horizon l'entrée de la rivière de Liverpool, un phare qui brille. Sauvés! merci, mon Dieu!

## RUE DROUOT

Deux heures du matin. — Tous les voyageurs sont revenus sains et saufs. — On félicite le capitaine et son second. Je fais mettre mon dernier pigeon voyageur dans une casserole pour souper.

UN MONSIEUR DE L'ORCHESTRE.

---

## MATINÉES BALLANDE

C'est en 1869, au thâtre de la Gaîté, que M. Ballande a inauguré ses matinées littéraires. En 1873, à l'avénement du maestro Offenbach, les Matinées se transportèrent de la Gaîté à la Porte-Saint-Martin. Le public les suivit. Aujourd'hui tous les théâtres donnent des matinées; les recettes, hâtons-nous de le dire, donnent raison à toutes ces tentatives, mais aucune n'aura la valeur de celle de M. Ballande. Nombre de jeunes artistes du Conservatoire se sont essayés là devant un vrai public, avant d'entrer à la Comédie Française ou à l'Odéon; beaucoup se sont fait remarquer; plusieurs sociétaires de la rue de Richelieu n'ont abordé à la Comédie Française certains grands rôles du répertoire, qu'après un essai chez M. Ballande.

Quelques grandes pièces inédites ont été données aux Matinées, qui ont obtenu un succès fort honorable. *La Belle Paule* fut montée par M. Ballande avant d'arriver à la Comédie Française. Nous citerons, parmi les nouveautés : *Ulm le Parricide*, de M. Parodi; *Campaspe*, de M. Mons; *Caïn*, de M. Alexandre Laya.

Et à la Porte-Saint-Martin : *Une Famille en 1870-1871*, *La Flèche de Diane*, *Les Cœurs brisés*, *Le dernier Jour de Mignon*, *La Ruse de Galathée*, *Mademoiselle Gaussins*, *La Mère de Rubens*.

Toutes ces Matinées étaient précédées d'une conférence; tout le monde sait le succès qu'ont obtenu MM. Legouvé, Sarcey, de la Pommeraye, Monselet, Vitu, Deschanel, etc., etc.

St-Germain, du Vaudeville, fit également une conférence sur le Méchant, de Gresset.

Depuis, M. Ballande a transporté ses Matinées à son Troisième-Théâtre-Français.

---

## LE THÉATRE DE LA PORTE-ST-MARTIN ET D'AUTRES PENDANT LE SIÉGE

Le spectacle semblait tout naturel.

Ceux auxquels on était habitué jadis avaient disparu. Après que les théâtres furent fermés par ordre de la police, ce fut une question de savoir si on les rouvrirait ; les journalistes l'agitèrent longtemps, devant le public, avant qu'on s'arrêtât à un parti. Les uns disaient que ces réjouissances étaient malséantes au milieu du deuil universel ; les autres soutenaient que le Parisien a besoin de spectacles,

« Panem et circenses ; »

que la joie lui relève le moral, que la réouverture de quelques théâtres serait une sorte de défi jeté aux Prussiens et comme une bravade de gaiete, ce qui était tout à fait dans les traditions françaises ; qu'il serait facile de choisir des pièces en har-

(1) Ces souvenirs sont empruntés au très-remarquable livre intitulé : *Le Siége de Paris*, par Francisque Sarcey.

monie avec le sérieux de la situation ;
qu'on donnerait ainsi du pain à toute une
classe de pauvres gens, employés, costu-
miers, gagistes, qui se trouvaient sur le
pavé, sans parler des artistes même dont
la position était également cruelle.

Dans beaucoup des théâtres le foyer
avait été converti en ambulance. Qu'importe ? répondaient les partisans de la
réouverture ; le public n'ira pas au foyer,
et il n'en sera pas davantage.

Ils l'emportèrent à la longue. Ce ne fut
pas précisément parce que leurs raisons
étaient les meilleures ; c'est que Paris
s'ennuyait, c'est que, le blocus une fois
commencé, personne n'en prévoyait la fin,
et qu'on songeait avec horreur à la quantité de journées vides qu'il faudrait tra-
verser. Le seul expédient dont on s'avisa,
pour corriger la prétendue inconvenance
qu'il y avait à ces représentations, fut de
les afficher au profit d'une bonne œuvre.
Un jour, c'était pour les blessés, un autre
pour les orphelins, un autre pour les can-
tines municipales ; chaque bataillon organisa une matinée ou une soirée, dont le
produit fut destiné à l'achat d'un canon
ou d'une mitrailleuse. Ce fut M. Pasde-
loup qui donna le signal, en ouvrant des
concerts populaires le 23 octobre. L'abbé
Duquesnoy se chargea de désarmer les
susceptibilités les plus délicates, dans une

allocution qui fut très-goûtée et fort ap-
plaudie. L'orchestre attaqua ensuite *la
symphonie en la* de Beethoven, et quand
il vint à *l'andante*, l'effet de cette phrase
si douloureuse, si poignante, sur l'assem-
blée tout entière, fut inexprimable. Des
larmes montèrent à tous les yeux, et je ne
crois pas que le chef-d'œuvre du maître
ait été plus vivement senti que ce jour-là.
Toutes les cordes de notre âme vibraient
à l'unisson.

Le directeur de l'Opéra donna tous les
dimanches des soirées musicales, où il
mêla aux plus beaux morceaux de la musique symphonique, des fragments d'opé-
ras célèbres, et ces séances furent suivies
d'un public très-nombreux et très-assidu.
La Comédie-Française rouvrit également
sous le patronage de M. Legouvé, qui
inaugura ces matinées littéraires par une
conférence sur l'alimentation morale durant le siége de Paris.

Ces représentations avaient une physionomie toute particulière. Eclairage sombre
(il n'y avait plus de gaz), public de gardes
nationaux et de femmes en robes mon-
tantes.

Sur la scène point de décors; les acteurs
presque tous en toilette de ville; et à travers des fragments de pièces du répertoire
classique, quelques odes de circonstance,
improvisées par de jeunes poëtes, MM.

Bergerat, Delpit, Abraham Dreyfus, sans oublier de Banville, qui s'amusait à conter jour par jour, dans la langue des dieux, nos tristesses, nos joies et les curiosités de nos émotions les plus diverses.

Dans l'avant-scène, autrefois loge impériale, les blessés convalescents assistaient au spectacle, et tous les yeux se tournaient vers eux avec attendrissement. Il y avait des visages pâlis par la fièvre des bras en écharpe, des têtes entourées de linge, et parfois quelque noir enfant du désert, dont les yeux étincelaient dans l'ombre comme ceux du lion, son compatriote. Et cependant, à quelques pas de là, de pauvres diables souffraient et mouraient sur le lit de douleur de l'ambulance. Le contraste de ces plaisirs mondains et de ces douleurs navrantes a été rendu à merveille par Théophile Gautier, contant dans le *Moniteur* sa visite aux blessés du Théâtre-Français un jour de représentation :

« En passant par le couloir qui mène de la salle à la scène, nous rencontrâmes deux religieuses, deux sœurs hospitalières, dont l'une demanda à l'autre : Où donc est la sœur Madeleine ?

« Au théâtre du Palais-Royal, répondit la sœur interrogée, du ton le plus naturel du monde.

« Au moment même où passaient les

sœurs, débouchait du foyer des acteurs,
Basile avec sa longue robe noire, son
rabat blanc et ce bizarre chapeau que les
prêtres espagnols portent encore.

« Il s'effaça contre le mur, saluant de la
façon la plus respectueuse. On jouait un
acte du *Mariage de Figaro*. C'était un pur
hasard, vous le pensez bien. Mais n'accu-
serait-on pas d'invraisemblance un auteur
qui risquerait un tel contraste ? Quelle
série étrange d'événements vertigineux
n'a-t-il pas fallu pour faire se coudoyer
le Basile de Beaumarchais et de vraies
religieuses, dans un couloir de la Comédie-
Française ? La chanson de Béranger :
*L'actrice et la sœur de charité*, nous revenait en mémoire; mais ici la réalité est
au-dessus de l'invention, car ce n'est pas
dans l'autre monde que la rencontre a
lieu.

« Rien de plus convenable et de plus dé-
cent que les rapports des comédiennes et
des religieuses. Les artistes de la Comédie-
Française sont de vraies dames, et elles
ont pour ces saintes filles la vénération
qui leur est due et qu'elles méritent si
bien... Au retour nous ne retrouvions
plus notre route. Des corridors, des cou-
loirs, des passages avaient été barrés
pour séparer l'ambulance du théâtre, et
nous fûmes obligés de demander notre
chemin à une sœur, qui nous remit avec

beaucoup d'obligeance dans la bonne voie, et nous accompagna jusqu'à la dernière porte. Un feuilletoniste ayant pour Ariane à travers le dédale du Théâtre-Français une brave sœur hospitalière, n'est-ce pas là, comme disaient certains journaux, *un signe des temps ?* »

Un autre, plus étrange encore, ce fut l'apparition des *Châtiments* sur la scène : *Les Châtiments !* ce livre proscrit qui circulait en cachette, de main en main, et qui, saisi chez un républicain, se tournait en accusation contre le détenteur ; cette effroyable satire du régime impérial, toute pleine de personnalités et d'invectives, la plus virulente qui ait jamais été écrite à aucune époque, contre aucun tyran.

On fermait jadis les portes pour la lire entre amis.

Les plus beaux morceaux et les plus violents furent récités, en plein théâtre, à la Porte-St-Martin, devant trois mille spectateurs, et ils émigrèrent de là à la Comédie-Française, et se répandirent ensuite dans tous les concerts et spectacles qui s'organisaient de toutes parts. Victor Hugo avait enfin son jour, celui qu'il avait attendu dix-huit années.

Au premier bruit de l'Empire renversé, il était accouru ; toutes les places étaient prises, et il est bien probable, qu'y en eût-il eu quelqu'une de vide, il ne l'eût pas

acceptée, ne trouvant que la première
digne de lui.

Il avait, après le premier éclat d'un triom-
phant retour, beaucoup vécu dans la retraite, ne se mêlant point des choses du
gouvernement, et refusant son nom à la
plupart des manifestations qui n'eussent
pas mieux demandé que de le mettre en
avant. Il semblait ne vouloir retirer d'autre
fruit de son long exil que le plaisir de
voir ses œuvres de théâtre reprises, et ses
*Châtiments* récités en public.

C'est le 3 novembre que Berton lut, devant un auditoire émerveillé, cette admirable pièce de *l'Expiation;* que M^lle Favart dit *Stella*, de sa voix harmonieuse et
vibrante, et que Coquelin prêta son organe
mordant aux lamentations d'un *conserva-
teur, à propos d'un perturbateur.* Le succès
fut immense; on était surpris et charmé
d'écouter, en plein théâtre, ces invectives
dont l'événement avait fait des prophéties
et qui soulageaient la conscience publique.
Ce n'est qu'après, à la réflexion, qu'on
sentit l'inconvenance qu'il y avait à traîner
ainsi sur la claie, aux applaudissements
de la foule, des noms d'hommes qui n'é-
taient plus là pour se défendre, et que
leur titre de vaincus devait préserver de
ces outrages. Les représentations suivantes excitèrent un enthousiasme moins
vif, et peu à peu les *Châtiments* dispa-

rurent des affiches. En revanche l'édition qu'en publia Victor Hugo s'enleva très-rapidement à vingt mille exemplaires, en un temps où l'on regardait à se payer un simple journal. Les spectacles suivirent la fortune du siége, plus nombreux quand les nouvelles étaient bonnes, et que le vent soufflait à l'espérance ; plus rares, ou même s'arrêtant tout à fait, quand les événements plus douloureux jetaient sur nos âmes le crêpe du deuil.

A défaut des théâtres les clubs offraient une distraction. On en vit s'ouvrir partout, et celui du théâtre de la Porte-Saint-Martin fut tout au moins aussi fameux que celui dds Folies-Bergère.

## ADMINISTRATION

| | |
|---|---|
| MM. RITT......... | Directeurs associés |
| LAROCHELLE... | |
| E. ABRAHAM... | Secrétaire-général. |
| RICQUIER....... | Chef d'orchestre. |
| FRANCE ....... | Administrateur. |
| DEBILLEMONT... | Régisseur. |
| JUCHEREAU .... | Caissier comptable. |
| THÉODORE..... | Maître de ballets. |
| BRABANT...... | Chef machiniste. |
| NÉRO ......... | 2e Régisseur. |
| MONROY....... | Souffleur. |

## M. LAROCHELLE

(Henri-Julien Boullanger, dit Larochelle), est né à Paris en 1827. Il est
petit-fils, par sa mère, de Larochelle de
la Comédie-Française, dont il a pris le
nom lorsqu'il s'est fait comédien. Apprenti
chez un batteur d'or, il faisait, à 15 ans,
partie d'une petite troupe d'ouvriers amateurs qui jouaient la comédie dans un
atelier du passage d'Harcourt. Sentant
naître en lui la passion du théâtre, le jeune
ouvrier se rendit chez M<sup>lle</sup> Mars, qui avait
connu son grand-père, et grâce à la recommandation de l'éminente actrice, Sam-
son consentit à l'admettre au nombre de
ses élèves du Conservatoire. Tout en sui-
vant les cours de cet établissement, Larochelle continuait, pour vivre, sa profession manuelle qui lui rapportait 2 francs
par jour, et saisissait avec empressement
toutes les occasions de jouer sur les
théâtres de la banlieue, à Montmartre,
Belleville, etc. Grâce à un labeur opiniâtre
il obtint le second prix, puis le premier
prix de Comédie au Conservatoire. Il
entra alors à l'Odéon (1847), où il débuta
dans les *Fourberies de Scapin*, les *Précieuses ridicules* et l'*Avocat Patelin*. M.
Buloz, qui administrait à cette époque la
Comédie-Française, l'engagea sur parole
pour 3 ans à partir du 1<sup>er</sup> avril 1848. Mais

après la révolution de Février, M. Buloz
ayant quitté le Théâtre-Français, M. Larochelle vit cet engagement verbal mis à
néant et resta à l'Odéon. Là, il créa successivement des rôles dans *le Collier du
Roi*, *le Chariot d'enfants*, *Planète et
Satellite*, etc. Vers 1850 il entra au
théâtre de la Porte-Saint-Martin, où il se
fit remarquer, puis il se forma une troupe
avec laquelle il parcourut la province pendant 3 années. De retour à Paris, il fut chargé
par Seveste d'administrer le théâtre Mont-
parnasse. Après une année d'exploitation'
le nouveau directeur, comprenant tout le
parti qu'on pouvait tirer de cette petite
scène, acheta le théâtre et y joignit successivement ceux de Grenelle, St-Cloud,
Saint-Marcel (dont il paya en 1860 le privilége 15,000 fr. à Bocage), Saint-Denis,
Sèvres, Courbevoie, Sceaux, Levallois-
Perret et Meudon. Enfin le théâtre Saint-
Germain, aujourd'hui *Cluny*, fut mis en
vente (1866); Larochelle l'acheta et dota
Paris d'une scène véritable, s'efforçant
non pas de faire concurrence à l'Odéon,
son voisin subventionné, mais de créer
le Gymnase de la rive gauche. Il monta
*la Fille du Millionnaire* de Girardin, et
par ce coup d'audace attira dans sa salle
toute la haute société parisienne. Dès
lors les succès se suivent: *les Sceptiques*,
*les Inutiles*, *le Juif polonais*, la reprise de

*Claudie*, de George Sand, de la *Closerie des Genêts*, de Soulié, etc. Comédien remarquable, directeur habile et intelligent, auteur même à ses heures, M. Larochelle est la véritable incarnation du travail et de la persévérance.

## M. RITT

### DIRECTEUR

Ancien fort de la halle au beurre.

Petit homme doux, barbu et distingué, dont la politesse exquise est bien connue, et qui excelle à acheter à bon compte de belles et solides étoffes, pour les costumes de ses pensionnaires.

A dirigé l'Opéra-Comique pendant plusieurs années avec M. de Leuven, qui lui-même a passé le sceptre à M. du Locle, le directeur actuel.

M. Ritt dirige la Porte-Saint-Martin depuis la reconstruction de ce théâtre.

## ÉMILE ABRAHAM

Trois hommes en un seul :

Journaliste, auteur dramatique et secrétaire de la Porte-Saint-Martin.

—

Le journaliste a été, de 1857 à 1870, une des colonnes de la rédaction de l'*Entr'acte*.

A fait les échos de théâtre au *Soir* et au *Bien public*.

A fait, depuis la création du *Petit Journal*, la revue des théâtres, sous la signature Adrien Laroque.

Rédacteur aussi de plusieurs autres journaux, entre autres la *Revue et Gazette musicale*.

Comme auteur, E. Abraham a fait représenter une trentaine de pièces, parmi lesquelles nous pouvons citer : *Les Yeux du cœur, L'Amour d'une ingénue, La Cruche cassée, Les Petits crevés, Les Flaneurs de Paris*, etc., etc.

A été un moment secrétaire à l'Opéra-Comique, qu'il a quitté à l'ouverture de la Porte-Saint-Martin.

## LÉON RICQUIER

Est le fils d'un peintre décorateur, qui a fourni à la Gaîté les décors du *Canal Saint-Martin, Les Sept Châteaux du diable, La Poule aux œufs d'or, La Chouette et la Colombe*, etc., etc.

Ricquier, en sortant du Conservatoire, entra au Vaudeville, où il se fit remarquer dans *Les Faux Bonshommes, Le Roman d'un jeune homme pauvre, Plutus, Maison-Neuve*, etc., etc.

Pendant le siége, Ricquier s'est fait pro-

fesseur, et aujourd'hui il est professeur
de littérature à Chaptal, à l'école Turgot,
à l'école Commerciale.

Ricquier a publié un cours de lecture à
haute voix qui a été médaillé par la Société
pour l'instruction élémentaire.

· Ricquier est un homme précieux; au
Vaudeville, il a cinquante fois sauvé la
recette, en doublant, au pied levé, Parade,
Delannoy, n'importe qui; il sait tous les
rôles.

## FRANCE

L'ex-bras droit du père Cogniard.

France est resté deux ans au Conservatoire, daus la classe de Beauvallet. Il en
est sorti pour débuter... aux Folies-Dramatiques. Il ne quitta ce théâtre qu'à la
démolition du boulevard du Temple.

Resté sans engagement, France se mit
à courir les cafés concerts. Il chantait ses
œuvres; oui mesdames, oui messieurs,
M. France est l'auteur de quelques chan-
sonnettes connues, quoique déjà d'un certain âge.

Enfin, un jour, il fut demandé aux Variétés; Ambroise et Ch. Potier quittaient
ce théâtre.

France répéta le rôle abandonné pendant une quinzaine de jours, au bout des-

quels il obtint le poste de régisseur général.

En 1869, il changea et voulut être secrétaire, puis caissier.

Il ne quitta les Variétés que pour ac-
compagner M. Cogniard au Château-d'Eau.

Pendant six ans, il fut le second à ce
théâtre, que M. Cogniard vendit en 1875.

C'est à ce moment que M. France entra
à la Porte-Saint-Martin.

M, France est un homme consciencieux
et piocheur. MM. Ritt et Larochelle ne
pouvaient trouver mieux.

## DEBILLEMONT

Jean-Jacques-Joseph Debillemont, com-
positeur de mérite, auteur de quatre ou
cinq partitions estimées, a dirigé pendant
plusieurs années les concerts des Beaux-
Arts et l'orchestre du théâtre Saint-James à
Londres.

La musique qu'il a composée pour le
*Tour du Monde* a été très-appréciée.

## M. JUCHEREAU
### Caissier-Comptable

A rempli déjà ces mêmes fonctions au

Théâtre-Déjazet et à l'Hippodrome sous la direction Arnaud. — Était en même temps contrôleur en chef de ces théâtres.

Le soir aux billets de faveur, le jour aux billets de mille.


## M. THÉODORE

### MAITRE DE BALLETS

M. Théodore a remplacé au théâtre de la Porte-Saint-Martin M. Gredeluc, parti à Berlin avec sa femme, premier sujet.

Tous deux ont voué leurs ronds de jambe à la Prusse ! ! !

M. Théodore est un vétéran de la chorégraphie. Il a été longtemps le pensionnaire de l'Opéra de Paris, puis il est allé en Russie, où il a gagné une pension de retraite.


## M. BRABANT

### CHEF MACHINISTE

C'est le frère de Brabant, le chef machiniste du nouvel Opéra, qui a été lui-même chef machiniste à l'ancienne Porte-Saint-Martin ayant son frère comme second.

Le Brabant dont nous nous occupons a

été chef machiniste du théâtre de Strasbourg.

Appelé à la Porte-Saint-Martin par M. Larochelle, c'est lui qui y a équipé toutes les pièces jouées depuis le jour de l'inauguration : *Marie Tudor*, *Libres*, *le Pied de Mouton*, *les 2 Orphelines*, et enfin le *Voyage autour du Monde*, qui lui fait le plus grand honneur.

Jamais on n'a vu chef machiniste plus modeste. M. Brabant ne veut pas qu'on parle de lui, aussi nous empressons-nous de ne pas lui obéir.

A été fort agacé pendant toute la durée des représentations de Geneviève de Brabant à la Gaîté. — Il n'était pas de soir où ses hommes ne lui demandassent des nouvelles de sa fille.

— Quelle fille ? répondait-il.

— Eh ! bien, mais Geneviève. *Geneviève de* BRABANT !

## M. NÉRO

### 2e Régisseur

Est entré au théâtre de la Porte-Saint-Martin en 1830, en est sorti en 1850. — Voilà une étape de vingt ans !

Entré au Cirque en 1851, sous le fameux Billion, il en sort en 1861 et rentre à l'Ambigu en 1870, pour revenir à la nouvelle Porte-Saint-Martin avec M. Larochelle.

M. Néro joue les grandes utilités.

C'est le régisseur qui fait le plus sensation dans la salle, car à lui incombe l'honneur de frapper les trois coups.

Si jamais vous avez besoin d'un bon guide pour visiter le théâtre de la Porte-Saint-Martin, adressez-vous à Néro, — celui-là connaît son théâtre sur le bout de ses doigts.

## M. MONROY

### Souffleur

« O Richard ! O mon roi ! L'univers t'abandonne. »

L'univers peut-être, mais pas le théâtre de la Porte-Saint-Martin, qui reconnait ses bons et loyaux services.

M. Monroy a été directeur de théâtre en province, et, voyez ce hasard, M. Larochelle, comédien, a joué sous sa direction.

C'est en quittant le théâtre Montmartre, que M. Monroy s'est infiltré dans la boîte de souffleur de la porte Saint-Martin.

Victor Hugo, Casimir Delavigne, Dennery, Gondinet, Cogniard, Jules Verne, n'oubliez pas que M. Monroy vous a soufflés avec toute l'admiration due à votre talent.

# TABLEAU DE TROUPE

MM. Dumaine.
Taillade.
Lacressonnière.
Paul Deshayes.
Vannoy.
Laray.
Alexandre.
Faille.
Fabrègues.
Ed. Martin.
Gobin.
Fraizier.
Murray.
Perrier.
Vollet.
Rolle.
Henri Roze.
Danjou.
Bellet.
Gaspard.
Delille.
Neraut.
Mallet.

Mmes Dica-Petit.
Angèle Moreau.
Pauline Patry.
Lacressonnière.
Marie-Laure.
Charlotte Raynard.
Daubrun.
Murray
Morin.
Pauline Moreau.

## DUMAINE (Louis-François)

Dumaine est né à Lieusaint (Seine-et-Marne), petit village célèbre par l'attaque de la malle-poste du Courrier de Lyon. Ses parents étaient de braves et honnêtes cultivateurs qui ne le destinaient nullement au théâtre, mais qui ne mirent aucune entrave à son départ pour Paris. Mme Person, sœur aînée de notre héros, était alors dans tout l'éclat de son talent; les applaudissements donnés à l'artiste firent battre le cœur de Dumaine; lui aussi aurait bien voulu être applaudi.

Mais en attendant il lui fallait vivre; pour cela, il était entré petit commis dans une maison de mercerie; la vocation du théâtre était en lui, il négligeait le ruban et le fil pour Victor Hugo. Il fit tant que son patron dut le congédier.

Dumaine bien penaud, retourna chez Mme Person; on s'occupa de lui trouver une autre place, c'était bien difficile, car on était en 1848. Enfin Alexandre Dumas prit le jeune homme en qualité de secrétaire. Une telle place n'était pas faite pour le dégoûter du théâtre; il fit partie d'une de ces troupes nomades qui exploitaient les environs de Paris. Au bout de quelque temps, sûr de lui-même, il obtint, grâce à Dumas, de débuter à la Comédie-Française, sous la direction Seveste.

Au bout de quelques mois passés rue de Richelieu, Dumaine, fatigué de figurer sans jouer, quitta la Comédie-Française pour le Havre où l'attendait un très-bel engagement. Il passa dix-huit mois au Havre qu'il quitta pour Marseille. Il fut bientôt très-aimé du public ; lorsqu'il tomba au sort, une représentation extraordinaire fut organisée à son bénéfice, la recette fut très belle, Dumaine put se faire remplacer sous les drapeaux.

Enfin Dumaine vint à Paris ; pendant quelque temps encore il joua sur les petits théâtres, Montmartre entre autres. Enfin, il fut engagé par M. Hostein à la Gaîté. C'était un grand pas, mais il fallait un rôle, une création.

L'Ambigu montait alors la *Case de l'Oncle Tom*, de M. d'Ennery, Dumaine fut recommandé à l'auteur pour le rôle de Georges le mulâtre. Desnoyers, le directeur de l'Ambigu n'hésita pas, il paya à M. Hostein le dédit qui retenait notre artiste à la Gaîté ; Dumaine passa alors à l'Ambigu, son succès fut très-grand.

Après la *Case de l'Oncle Tom*, Dumaine créa le *Château des Tilleuls*, le *Juif de Venise*, l'*Enfant du Régiment*, le *Pendu*, le *Paradis perdu*, *Frère et Sœur*.

*César Borgia*, la première pièce de MM. Crisafulli et Devicque.

On répétait alors *César Borgia*, de Séjour, pour Ligier à la Porte-Saint-Martin. Alors M. Denoyers, trouvant très-bien son César Borgia, voulut le monter assez vite pour passer avant le César de la Porte Saint-Martin. En effet, le drame fut joué 13 jours après la lecture. Détail incroyable. Le secret fut gardé par tous ces jeunes artistes, car ils étaient tous jeunes et zélés. Pour aller plus vite, on répétait chez le directeur, *les Amours maudits, le Fléau des mers, la Légende de l'homme sans tête, la route de Brest,* aujourd'hui interdite par la censure; *Jocelyn, le Garde-Côte, les Viveurs de Paris,* la reprise *du Masque de fer.* Puis, la Porte-Saint-Martin l'enleva de l'Ambigu une heure après la mort du directeur Charles Desnoyer. C'était pour *Faust,* comme la pièce était longue, vu sa mise en scène, on monta en attendant les *Mères repenties* de Mallefille et une reprise des *Bohémiens de Paris,* dans lesquels Dennery voulait lui faire jouer Montorgueil, mais loin de sauter sur ce premier rôle, le Regis de Plougastel de la veille et le Faust du lendemain se transforma en vieil abruti des Bohémiens, composition où il fut en effet plus que remarquable et qui rend le rôle désormais bien difficile à jouer.

Les *Pirates de la Savane, Cartouche, Michaël l'esclave, la Veille de Marengo,* le

*Prêteur sur gages, les Aventuriers.* — Après ce drame, M. Harmand le prêta à M. Hostein pour créer au Cirque le rôle d'Ab-del-Kader dans les *Massacres de la Syrie.* Retour à la Gaîté pour créer les *32 Duels de Jean Gigon,* la reprise du *Fils du Diable,* le *Sonneur de Saint-Paul.*

*Valentine d'Armentières.* — Nous passons à la nouvelle Gaîté où il reprend *Monte-Christo,* Pontis, de la *Belle Gabrielle,* Pontis, de la *Maison du Baigneur.*

Après cela, il devient directeur de ladite Gaîté où il reste trois années et où après une brillante reprise du *Paradis perdu,* brillante reprise des Pirates avec Miss Menken, il monte *Jean la Poste,* drame inédit et en joue le principal rôle. Puis : *Bas de cuir, les Treize,* une reprise de la *Reine Margot,* où il joue Coconas.

Il cède son théâtre à M. Victor Koning et crée sous sa direction les *Orphelins de Venise,* la *Madone des Roses.*

De là passe à la Porte-Saint-Martin, pour faire sa brillante et inimitable création de *Patrie,* son plus gigantesque rôle et dont le souvenir est aussi impérissable que celui du succès de la pièce.

Après Patrie il s'associe avec M. Billion (!!!) pour la direction de l'Ambigu, mais bientôt il rompt son traité d'association revient à la Porte-Saint-Martin pour y

répéter Jean Valjean dans les *Misérables*,
mais la Commune, c'est-à-dire l'incendie du théâtre arrête tout, hélas..... et
Dumaine, quand tout est rentré dans son
état normal, revient au Châtelet pour y re-
prendre le rôle de Dagobert dans le *Juif
Errant*, puis la reprise de *Patrie* et de la
*Maison du Baigneur*. C'est alors que la
Porte-Saint-Martin reconstruite, ses directeurs s'empressent d'engager Dumaine,
espérant pouvoir lui faire jouer Tribou-
let dans le *Roi s'amuse*, de Victor Hugo,
mais la censure en décide autrement et
l'on doit se contenter de la reprise de *Marie Tudor*, à laquelle succède *Libres*, une
des plus belles premières qu'on ait jamais
vues après *Patrie*, mais ce ne fut point
un succès d'argent. — C'est la première
fois qu'on vit dans un drame le public
faire bisser des vers — et c'est Dumaine
qui eut cet honneur. A *Libres* succède une
reprise de *Henri III* où il joue le duc de
Guise.

Après vient le *Tour du Monde* que Dumaine a joué près de 400 fois.

Sa dernière création dans les *Exilés* lui
fait le plus grand honneur.


## TAILLADE

En sortant du Conservatoire où il avait
passé dix-huit mois, Taillade obtint une

audition à la Comédie-Française ; il allait
être engagé lorsque quelques difficultés
s'élevèrent entre lui et l'administration ;
Taillade qui n'a pas un caractère des plus
souples refusa de signer. Il alla à la Gaîté,
dirigée alors par M. Meyer, qui l'engagea
à des conditions très modestes. Pour ses
débuts il joua Martin, de *Martin et Bamboche* et Paul, de *Jacques le Corsaire*. Il
joua ces deux pièces à la satisfaction gé-
nérale, mais cependant sans grand éclat,
il lui fallait un rôle, une création origi-
nale, rien ne venait. A cette époque, le
rétablissement de l'empire avait fait éclore
nombre de pièces sur Napoléon I^er.

On répétait au Cirque une grande pièce
militaire, *Premières pages d'une grande
histoire*, il fallait un Bonaparte ressem-
blant, il y avait bien M. Sardou, mais il
ne jouait pas au Cirque ; Taillade ressem-
blait d'une façon frappante au héros de la
pièce, il fut engagé ; à son entrée en scène,
ce ne fut le jour de la première qu'un long
étonnement, le succès fut grand.

Après les *Premières pages d'une grande
histoire*, l'administration, mise en goût
par le succès de son Bonaparte, en montait un autre, toujours pour Taillade:
*Bonaparte en Egypte*. Le succès fut très-
grand ; Taillade comprit cependant que
ce n'était là qu'une spécialité, qu'il ne
pourrait pas ne jouer que des Bonaparte ;

on lui offrit un engagement à l'Ambigu, il n'était pas question de Bonaparte ; il accepta.

Ses débuts eurent lieu dans *Berthe la Flamande*; il joua ensuite dans *Roquelaure*, *Jean le Boucher*, l'*Histoire d'une Femme mariée*. Le rôle à succès, la création qui devait le mettre hors de pair n'arrivait pas encore.

M. Hostein lui offrit un engagement à la Gaîté. Pour ses débuts, il reprit dans le *Comte Hermann* le rôle créé par Rouvière. Il y fut très-remarqué, la presse commençait à parler de lui. Taillade était un artiste soigneux, creusant ses rôles, les jouant avec conviction. Il joua ensuite l'*Ane mort*, le *Sanglier des Ardennes*, et le *Masque de poix*.

Taillade a joué un peu partout depuis la guerre. A la Gaîté, où il reprit un rôle dans les *Chevaliers du Brouillard*; à l'Ambigu, où il fut exécrable dans le lâche de Touroude; à l'Odéon, où il obtint un très-grand succès dans celte ennuyeuse pièce, des *Erynnies*; à la Porte-St-Martin, où il fut hors ligne dans le rémouleur des *Deux Orphelines*; au Châtelet, dans *Cromwell*.

Taillade est un artiste très inégal, il est presque toujours très-bon ou absolument mauvais; mais au moins on peut dire de lui, c'est quelqu'un; on n'en dirait pas autant de beaucoup de nos artistes.

# LESOT DE LA PANNETERIE
## DIT LACRESSONNIÈRE

Né à Chauny (Aisne), en . . . . Après avoir achevé brillamment ses études, Lacressonnière fut placé par sa famille dans une maison de commerce de Paris. Son goût pour le théâtre s'était révélé de bonne heure. Au collége, il initiait ses camarades aux beautés du récit de Théramène, les faisait frémir avec le songe d'Athalie, aussi dès son arrivée à Paris, il fut un de ces enragés amateurs qui de temps à autre montent des parties. Un beau jour, Lacressonnière prit un grand parti, il dit adieu au commerce et se présente à la Gaîté que M. de Cès-Baupenne dirigeait alors en même temps que l'Ambigu. L'administrateur était Delaistre, un des soutiens des drames de Bouchardy, Anicet Bourgeois et autres. Delaistre engagea Lacressonnière pour un an, à quels appointements, peu importait pour le moment à notre artiste, des rôles, des créations, voilà ce qu'il voulait. Au bout d'un an, rien n'était venu, Lacressonnière quitte la Gaîté, se fait admettre au Conservatoire dans la classe de Provost, il étudiait la comédie en même temps que mesdames Emilie Guyon qu'il devait retrouver plus tard au boulevard, Augustine Brohan, Denain, etc., en compagnie aussi de Leroux.

A sa sortie du Conservatoire, Lacressonnière commença son tour de France,
il fut engagé dans une troupe .qui visita
Bourges, Nevers, Orléans, etc. De retour
à Paris, il ne trouva d'engagement qu'au
théâtre du Panthéon , dirigé par Du-
bourjal.

Les frères Seveste, qui dirigeaient alors
les théâtres de la banlieue, remarquèrent
Lacressonnière. Edmond Seveste engagea
Lacressonnière pour Belleville, celui-ci
accepta. C'était un grand pas dans le pro-
grès, la banlieue était alors une pépinière
dramatique, presque tous les grands artistes ont passé les premières années de
leur existence dramatique dans ces théâtres
de Belleville, Montmartre, Batignolles, etc.

.Lacressonnière eut assez de succès
pour qu'Antony Beraud, alors directeur
de l'Ambigu, vînt le voir et l'engageât à
de très-belles conditions.

. Il débuta le 18 mai 1843 par le rôle du
marquis de Changiron d'*Eulalie Pontois*.
Cette création le fit remarquer de Soulié
.qui lui confia successivement des rôles
très-importants dans les *Amants de Murcie*
les *Talismans*, les *Etudiants*. Il créa encore
à l'Ambigu Didier des *Bohémiens de Paris*, Harry du *Marché de Londres*, Georges d'Estève de la *Closerie des Genêts*,
et enfin Charles Ier des *Mousquetaires*.

Lacressonnière avait enfin des rôles

dans lesquels il put déployer toutes ses remarquables qualités. Lorsque Alexandre Dumas ouvrit le Théâtre-Historique, dont Hostein venait d'être nommé directeur, il fit engager Lacressonnière, qui créa La Môle de la *Reine Margot*, Villefort de *Monte-Christo*, Auguste de l'*Ecole des Familles*, le *Chevalier de Maison-Rouge*, Clinias de *Catilina*, Marcandal de la *Marâtre*, et l'*Ecole des Familles* d'Adolphe Dumas.

La Porte-Saint-Martin lui fit alors de très-brillantes propositions qu'il accepta, il ne joua guère là que Castaing de l'*Hôtel de la Tête-Noire*, et Raphaël dans l'*Evangile et le Pasteur*.

La direction fit faillite, Lacressonnière fut de nouveau engagé par M. Hostein, qui dirigeait alors la Gaîté. Lacressonnière ne quitta ce théâtre qu'une fois pour aller au Vaudeville jouer les *Robes blanches* de Gozlan, cet essai de comédie lui réussit peu, il revint bien vite au drame et à la Gaîté. Il créa des rôles très-importants dans la *Sonnette du Diable*, les *Belles de Nuit*, la *Croix de Saint-Jacques*, le *Muet*, le *Château de Grantier, Molière* de Georges Sand, Lesurques et Dubosc dans le *Courrier de Lyon, La Boisière*. Il reprit aussi quelques-unes de ses créations antérieures et quelques rôles de Mélingue, entre autres Charles-Gustave, de la *Chambre-Rouge*.

Il alla encore à la Porte-Saint-Martin, à l'Ambigu ; quand il n'était pas à la Porte-Saint-Martin, il était à l'Ambigu, qu'il quittait bientôt pour la Gaîté.

Après la guerre, Lacressonnière s'associa avec Paul Deshayes pour prendre la direction du Châtelet. Ils ouvrirent par une reprise du *Courrier de Lyon*, bientôt suivie d'une reprise des *Mousquetaires*; ils montèrent ensuite un grand drame historique : *Daniel Manin*. Dans ce rôle, Lacressonnière eut un grand succès, mais cette pièce, avec ses imitations de bombardement, avait le tort de venir trop tôt après le siége de Paris, et de ne rappeler aux spectateurs que des souvenirs fort désagréables. La pièce fit peu d'argent, on monta diverses pièces, entre autres le *Juif-Errant*, M<sup>lle</sup> *de la Faille*, les *Chiens du Mont-Saint-Bernard*. Les recettes ne furent pas assez fortes, Lacressonnière et Deshayes furent obligés d'abandonner leur direction.

La Porte-Saint-Martin allait ouvrir, MM. Ritt et Larochelle engagèrent immédiatement Lacressonnière qui fut de presque toutes les pièces créées ou reprises depuis l'ouverture.

## PAUL DESHAYES

Je vous présente un successeur de Mélingue, le rival de Dumaine.

Paul Deshayes a joué le classique à l'Odéon, ce fougueux premier rôle a été Damis, Valère, Clitandre. Est-ce le classique qui l'a fait fuir, toujours est-il qu'il passa au Gymnase, où sa création la plus remarquée fut celle de De Ryons dans l'*Ami des Femmes*, de Dumas fils, le 5 mars 1864.

La comédie ne le contenta pas davantage. Deshayes voulut tâter du drame.

Nous ne saurions l'en blâmer.

Deshayes est le digne héritier, toutes proportions gardées, des Bocage et des Mélingue.

Deshayes a été l'associé de son camarade Lacressonnière pour la direction du Théâtre du Châtelet.

Quand les mauvaises recettes forcèrent les associés à se séparer, Deshayes fut engagé à l'Ambigu.

*Cocagne*, *Belle-Rose*, drames de cape et d'épée, furent ses plus grands succès. Aujourd'hui Deshayes est un des premiers à la Porte-Saint-Martin.

Il grandira encore, attendez seulement qu'il ait joué le principal rôle du *Gorille*, drame MM. Crisafulli et... Paul Deshayes.

## HENRY VANNOY

Avant d'être l'étourdissant Cocardasse du *Bossu*, Vannoy avait mené une existence quelque peu agitée.

En 1830, il était pilotin à bord d'un des vaisseaux qui bombardèrent Alger. De pilotin, Vannoy devint enfant de troupe ; c'est dans un régiment de ligne que se révéla sa vocation ; pour charmer les ennuis de la garnison, ses camarades jouaient la comédie de société ; on était réduit à un bien petit répertoire faute d'ingénues ; on avait dans les sapeurs de splendides duègnes, mais où trouver l'ingénue, Vannoy s'offrit. Nous n'avons pas assisté à ses débuts, mais le succès qu'il obtint fut assez grand, paraît-il, pour le décider à se présenter à sa sortie des enfants de troupe chez MM. Seveste, directeurs des théâtres de la banlieue.

Il apprit pour la circonstance plusieurs rôles d'homme, il fut engagé, pendant près d'un an il ne joua que des utilités. Il quitta Montmartre pour Belleville. De là, sous la direction Doligny il alla en Italie, Geoffroy, du Palais-Royal, faisait partie de cette troupe. D'Italie il revint à Marseille, de Marseille au Havre. Les succès qu'il obtint dans ces diverses villes le firent engager à l'Odéon, c'est alors qu'il prit le nom de Vannoy, il avait toujours joué sous le nom d'Henry.

Il resta peu de temps à l'Odéon, qu'il quitta pour entrer à la Porte-Saint-Martin ; il joua d'abord quelques-uns des rôles créés par Eugène Grailly, puis créa le *Livre noir*, les *Libertins de Genève*, les *Marrons d'Inde* et *Rome*.

Sur ce, la Porte-Saint-Martin ferma, Vannoy avait eu du succès, il fut immédiatement engagé à l'Ambigu, où il fut remarqué dans l'*Enfant de Paris* et *Pied de Fer*.

Marc-Fournier, qui avait su apprécier Vannoy lors de la création des *Libertins de Genève*, prenait la direction de la Porte-Saint-Martin ; il engagea immédiatement notre artiste, qui créa successivement des rôles importants dans la *Poissarde*, *Richardin*, la *Faridondaine*, le *Vieux Caporal*, la *Chine à Paris*, la *Bête du Bon Dieu*, le *Fils de la Nuit*, les *Funérailles de l'Honneur*, les *Etrangleurs de l'Inde*, et enfin, Cocardasse du *Bossu*, qui fut un triomphe pour lui-

En 1868 Vannoy passa à la Gaîté, il n'eut qu'une création importante dans le *Moulin-Rouge*.

Après la guerre et la Commune, Vannoy fut réengagé à la Gaîté où il reprit le *Fils de la Nuit*, le *Bossu*, les *Chevaliers du Brouillard*.

En 1873 il fut engagé à l'Ambigu, où il créa les *Postillons de Fougerolles*, *Taba-*

*rin.* le *Secret de Rochebrune*, la *Falaise de Penmark* et l'*Amant de la Lune*.

En 1874, il a fait, dans le *Tour du Monde*, sa rentrée à la Porte-Saint-Martin, qu'il ne quittera plus, nous l'espérons.

## ALEXANDRE

Alexandre Augustin Guillemet est né à Paris le 21 juin 1814.

Son père, ancien soldat, exerçait la profession modeste de perruquier. Alexandre apprit l'état d'ébéniste. Tous les soirs le jeune ouvrier allait à Bobino, au Lazari.

Les jours de fêtes, quand il possédait dix sous, il s'offrait les émotions de l'Ambigu. C'est ainsi que la vocation le prit. Comme tant d'autres, il commença à jouer dans des parties d'amateurs. Un beau jour, il obtint un engagement de figurant à raison de quinze sous par soirée. Il cabotina dans les environs de Paris, enfin, sur la recommandation d'Albert, il fut engagé par MM. Cormon et Dutertre, à raison de 45 fr. par mois, le double de ce qu'il avait avant de partir au régiment. Petit à petit sa position s'améliora ; il devint chef des chœurs puis deuxième régisseur. Plusieurs fois il remplaça au pied levé des camarades indisposés ; Charles Perey, dans *Paul et Virginie* et Laurent, dans les *Bohémiens de Paris*.

En 1847, Hostein, qui avait été directeur de la scène à l'Ambigu, prit la direction du théâtre Historique ; il engagea immédiatement Alexandre, qui se fit remarquer dans le *Chevalier d'Harmental, la Guerre des Femmes, le Chevalier de Maison-Rouge*, etc., etc.

A la fermeture de l'Historique, il suivit son directeur à la Gaîté. C'est là qu'il devait obtenir ses premiers grands succès : Fouinard, du *Courrier de Lyon*, fut une révélation. Il joua bientôt après Panet des *Cosaques*, puis successivement des rôles importants dans les *Paysans, Cartouche, l'Escamoteur, le Savetier de la rue Quincampoix*, la mère Moscou de la *Fille des Chiffonniers*, etc., etc.

Alexandre ne quitta pas la Gaîté de 1850 à 1874 ; toutes les directions qui se succédèrent à ce théâtre s'empressèrent de conserver un artiste aussi précieux que modeste. Il fut de toutes les pièces jouées jusqu'en 1871.

MM. Ritt et Larochelle ont eu l'excellente idée d'engager Alexandre pour le *Tour du Monde* et de le garder, nous ne pouvons que les en féliciter.

## LARAY

Nature sympathique, artiste très-estimable, Laray a joué un peu de tout, les grands premiers rôles de drame et de comédie, les jeunes premiers, les grands premiers comiques Il débuta à 20 ans à peine à la Porte-Saint-Martin en 1848 ; il la quitta en 1849 pour y rentrer en 1850. Pas plus là qu'au Cirque où il entra en 1851, il n'eut occasion de se faire remarquer. Ses premiers succès datent de 1854. Lorsqu'il fut engagé à l'Odéon, il créa là divers rôles de jeune premier avec un réel succès, notamment dans *Mauprat* et l'*Usurier de Village*.

Il revint encore à la Porte-Saint-Martin en 1859 où il créa Ottavio, de la *Tireuse de Cartes*. En 1861 il fut engagé au théâtre du Parc à Bruxelles ; il joua là un grand nombre de jeunes premiers du répertoire moderne.

L'année suivante, il était engagé toujours à Bruxelles aux galeries Saint-Hubert, et joua dans les drames créés à ce théâtre les Dumaine et les Mélingue et créa Jean Valjean, des *Misérables* de Victor Hugo.

En 1866 il était à Rouen, en 1867 à Lille. Il fut alors réengagé à la Porte-Saint-Martin, où il rentra par *Glenarvon*. Il créa ensuite *Nos Ancêtres* d'Amédée Rolland.

A la faillite de Marc Fournier il fut engagé au Châtelet où il joua le Comte d'Essex, l'*Armurier de Santiago, Théodoros,* les *Blancs et les Bleus.*

En 1869, retour à l'Odéon où il crée entr'autres le *Bâtard* de Touroude, l'*Affranchi,* et l'*Autre.*

La guerre arrive, après la Commune, Laray revint au Châtelet où il créa Maretti de *Daniel Manin.* Il fut ensuite engagé par MM. Ritt et Larochelle, pour la Nouvelle-Porte-Saint-Martin; ce qui ne l'empêcha pas d'aller créer plusieurs pièces à Cluny.

Comme on voit, Laray est un artiste voyageur.

## FAILLE

Son plus grand titre de gloire est d'avoir été directeur de l'Ambigu — après avoir joué en province, à la Gaîté, à Paris et un peu dans tous les théâtres de drame.

M. Faille tient le spectre de l'Ambigu des mains de M. De Chilly.

M. Faille, n'ayant pas hérité de la veine de son prédécesseur, renonça à l'Ambigu et bien lui prit de laisser ce dangereux théâtre en ensorceler d'autres que lui. M. Faille se remit bravement à rejouer les troisièmes rôles, ne commettant les crimes de MM. Dennery, Maquet, Dugué et autres, qu'à son corps défendant.

Aujourd'hui, M. Faille est le pensionnaire estimé de MM. Larochelle et Ritt dont la réussite ne lui donne aucunement l'ambition de refaire de la direction.

M. Faille ne sera jamais une étoile, mais la postérité dramatique lui réservera un rang que n'occuperont jamais les Machanette, les Donato, ni les Guimier.

## GOBIN

Parisien du faubourg Saint-Germain, né rue de Lille, en 1843.

Gobin voulut de bonne heure jouer la comédie, mais on ne trouve pas toujours à 16 ans un engagement au Palais-Royal; aussi pour commencer à cet heureux âge, dut-il se contenter d'un modeste emploi de figurant au Théâtre Montmartre.

La première entrée en scène de Gobin eut lieu sur un chameau exhibé par Chotet en 1859, dans les *Massacres de la Syrie.*

Gobin devint ensuite pensionnaire de Sari, rue de Provence, puis il voulut être directeur à son tour.

Pour ce faire, il loua la salle du petit théâtre du faubourg Saint-Martin, la baptisa du nom de *Délassements-Comiques,* et attendit la fortune....

Cette orgie dura trois mois.

Le malheureux impresario devint à

Beaumarchais le pensionnaire de MM. Moreau et Montdidier.

Les deux principales créations furent le *Ménétrier de Saint-Waast* et les *Compagnons de la Truelle*.

De là aux Bouffes pour deux ans.

La direction du Palais-Royal l'engagea ensuite, Gobin était trop jeune pour ce théâtre, il prendra sa revanche.

En 1866, M. Cogniard, directeur des Variétés, engageait Gobin qui créait en l'espace de quatre années un certain nombre de pièces, entre autres les *Chambres de Bonnes*, le *Régiment qui passe*, les *Brigands*.

Il reprit aussi avec succès plusieurs rôles de Lassagne.

Puis 1870 arriva, Cogniard quittait les Variétés.

Après la guerre, M. Cogniard prit le théâtre du Château-d'Eau, un des premiers engagements qu'il signa fut celui de Gobin.

C'est à partir de ce moment que Gobin se fit le plus remarquer, et de fait il fut très-amusant dans les *Pommes d'or, Forte en Gueule,* la *Patte à Coco* et vingt autres créations.

Un de ses triomphes fut l'imitation de Dupuis, l'illusion était complète.

À la fermeture du Château-d'Eau, Gobin fut immédiatement engagé à la Porte-Saint-Martin.

Il rendra de grands services, Gobin est un deuxième comique plein de naturel. L'effet n'est jamais outré.

Bonne chance à Gobin.

## ED. MARTIN

n'est à la Porte-Saint-Martin que depuis fort peu de temps. Les rôles qu'il a joués jusqu'à présent ont été trop peu importants pour que nous puissions porter un jugement quelconque sur lui.

## M. FABRÈGUES

N'est que depuis peu de temps à la Porte-Saint-Martin, où il n'a pas encore eu occasion de se faire remarquer.

M. Fabrègues est un premier rôle de province, à Toulouse notamment il fut très-apprécié.

## MURRAY

Le mari de Mlle Bédard a quitté avec sa femme le Gymnase où on ne l'utilisait guère, pour entrer à la Porte-Saint-Martin où on ne l'utilise pas du tout ou peu s'en faut.

## VOLLET

Eut jadis quelques succès au Cirque aux côtés de Lebel et de William. A joué très-longtemps à la Gaîté et à la Porte-Saint-Martin, puis au Palais-Royal où il ne put rester, puis au Château-d'Eau.

Vollet est un comique froid, qui force trop ses effets.

Quand il débuta à la Porte-Saint-Martin sous la direction Marc-Fournier, le gros Laurent, dit méchamment à son directeur : « Si vous avez beaucoup de *Vollet* comme cela, vous feriez bien de fermer boutique. » Oh ! Laurent ! oh ! Laurent !

## FRAIZIER

Vive Ballande, c'est à M. Ballande que nous devons M. Fraizier qui s'est fait plusieurs fois applaudir aux matinées. A joué à la Porte-Saint-Martin quelques rôles de tenue où il a été fort convenable, a plusieurs fois doublé Lacressonnière dans Phileas Fogg du *Tour du Monde*.

## M. PERRIER

a plusieurs fois doublé ses chefs de file, n'a encore pu faire chez MM. Ritt et Larochelle une création sérieuse.

## MM. ROLLÉ, HENRI ROZE, DANJOU, BELLET, GASPARD, DELILLE, NÉRAUT, MALLET.

Les hommes dévoués, assassins au prologue ou assassinés au dernier acte, tous consciencieux, tous zélés, mais peu connus.

# MESDAMES

## DICA-PETIT

L'Etoile féminine de la Porte-Saint-Martin.

C'est à ce théâtre qu'elle débuta en mars 1868, à la reprise de *Glenarvon* de Mallefille. Elle joua ensuite *Nos ancêtres* d'Amédée Rolland. Sans être des plus vifs, le succès qu'elle obtint dans ces deux pièces fut très-honorable. On s'accorda à lui trouver de grandes qualités, de la chaleur dans le débit, une grande distinction. Mais tout cela manquait de forces.

Sur ces entrefaites la Porte-Saint-Martin ferma; les artistes restés sans engagement se mirent en société, louèrent la salle Ventadour et inaugurèrent leurs représentations par *Madame de Chamblay* d'Alexandre Dumas. Dica-Petit fut Madame de Chamblay, son succès fut très-grand, surtout au 4e acte. Dumas et ses interprètes ne purent malheureusement conjurer le mauvais sort qui semble attaché à ce pauvre Ventadour. La pièce n'eut que quelques représentations, quand on la reprit lors de la réouverture de la Porte-Saint-Martin.

Dica-Petit était à l'Ambigu, le rôle de Madame de Chamblay échut à Mlle Rousseil.

A l'Ambigu, Dica-Petit débuta par le *Sacrilége*, drame de MM. Th. Barrière et Léon Beauvallet. Après cela, elle créa *la Princesse Rouge*, de Plouvier; *la Famille des Gueux*, de Claretie; *les Quatre Henri*, de Léon Beauvallet; *Richelieu à Fontainebleau* et *l'Héritage Fatal*, de Maurice Coste et Jules Dornay. Aucune de ces pièces ne fut un succès; Touroude, que le *Bâtard* venait de faire connaître, apporta à l'Ambigu *la Charmeuse*, la pièce obtint un très-grand succès, Dumaine fut admirable, Mlle Dica-Petit fut la Charmeuse, son rôle était loin d'être sympathique, elle sut cependant se faire applaudir, après le troisième acte on la rappela avec Dumaine.

Quand la guerre arriva, Dica-Petit était à Bruxelles, où elle obtint de très-grands succès dans le répertoire d'Augier, Sardou et Dumas fils.

Elle revint à Paris en 1872, et joua au Châtelet dans le *Miracle des Roses*.

Elle fut en même temps que Mlle Tholer de la Comédie-Française engagée pour jouer une des *Deux Reines*, de Legouvé.

M. Hostein l'engagea à la Renaissance pour *Thérèse Raquin*, la pièce n'obtint que peu de succès, mais justice fut rendue aux interprètes, à Dica-Petit en tête. Elle avait été parfaite. Ce succès la fit engager à Porte-Saint-Martin. Dans toutes les pièces créées ou reprises à ce théâtre, Mlle Dica-Petit fut très-applaudie. Milady, de la *Jeunesse des Mousquetaires*, lui valut de nombreux éloges.

Mlle Dica-Petit est jeune, elle n'a pas donné toute la mesure de son talent, nous la croyons plutôt faite pour les théâtres de genre Vaudeville ou Gymnase que pour la Porte-Saint-Martin.

Ses dernières créations l'avaient mise complétement en lumière. La Russie s'est empressée de faire à Mlle Dica-Petit un engagement considérable. Mlle Dica-Petit a accepté, peut-être a-t-elle eu tort.

## M<sup>lle</sup> ANGÈLE MOREAU

Une trouvaille du regretté Chotel, le célèbre directeur du théâtre Montmartre qui pour être un des plus petits de Paris n'est pas celui qui a fourni le moins de grands artistes.

C'est en effet, au théâtre Montmartre qu'a débuté Mlle Angèle Moreau.

Les succès qu'elle obtint attirèrent sur elle l'attention des directeurs de la Porte-Saint-Martin.

Sa première création à ce théâtre eut lieu dans *Libres*. Elle reprit ensuite le

rôle du page Alphonse dans *Henri III et
sa cour*.

Son grand succès, le rôle qui la mit en
évidence fut celui de Louise dans les *Deux
Orphelines*.

Après cela, M. d'Ennery n'hésita pas à
lui confier le rôle d'Aouda dans le *Tour
du Monde*.

Mlle Angèle Moreau est une de nos
meilleures ingénues de drame.

## PAULINE PATRY

Protester tous les ans contre les déci-
sions du jury est une tradition que le
public qui assiste aux concours du Conservatoire a toujours fidèlement respectée.

Il y a deux ou trois petites Rachel et
grandes Favart auxquelles les mamans
des refusées font une ovation. Souvent, il
est vrai, les journaux donnent raison au
public, la jeune débutante a fort bien joué
la scène qu'elle a répétée pendant six mois,
presque toujours un directeur de Paris
engage l'étoile méconnue ; elle débute
l'étoile méconnue, c'est très-bien, grand
succès, mais ça n'est déjà plus aussi bien
qu'au Conservatoire, enfin c'est l'émotion
inséparable, etc., etc.; deuxième début de
l'étoile, c'est bien, oui, mais ça pourrait
être mieux; troisième début, on commence

à croire qu'on s'est trompé, les admirateurs d'hier deviennent les détracteurs
d'aujourd'hui, on en arrive presque à l'injustice, on en vient à dire à l'artiste qu'il
ou qu'elle ne sait pas son métier, aussi
pourquoi du premier coup la mettez-vous
si haut, elle ne peut que descendre votre
étoile. A ses débuts vous lui donnez à la
fois le talent de Plessy, Rachel, etc., etc.,
vous l'écrasez sous les éloges, plus tard
vous ne voulez pas tenir compte de ses
efforts, vous la voulez admirable, parfaite,
voilà tout.

Mlle Patry est une victime du jury de
1872, certes en ne lui accordant aucune
récompense, nous croyons que ce jury
s'est montré trop sévère; Mlle Patry avait
joué non sans talent, une scène d'Hermione dans *Andromaque*, et plusieurs
scènes de Clorinde dans *l'Aventurière*,
mais tout cela méritait-il le premier prix.
Le public le crut, on fit une ovation à
Mlle Patry. M. Larochelle l'engagea,
Mlle Dica-Petit était malade, Mlle Patry
débuta dans Jane de *Marie Tudor*, son
succès fut très-grand, elle fit son second
début dans *Don Juan d'Autriche*, les quelques défauts, qu'on n'avait pas songé à lui
reprocher à ses débuts, s'étaient accentués, on remarqua de la prétention dans
sa diction, de l'afféterie dans son jeu;
Néméa du *Tour du Monde*, qu'elle créa

après cela, était un saut brusque du grand répertoire au répertoire moderne, il fut préjudiciable à Mlle Patry; quand on reprit la *Jeunesse des Mousquetaires*, Anne d'Autriche échut à Mlle Patry qui n'obtint pas un grand succès.

Le départ de Mlle Dica-Petit permettra sans nul doute à Mlle Patry de prendre la première place à la Porte-Saint-Martin.

C'est ce que nous lui souhaitons de grand cœur.

## MADAME LACRESSONNIÈRE

### (Née Lucile ABOLAR)

Mlle Abolar a débuté à la Gaîté sous la direction Harmant, puis a épousé son camarade Lacressonnière. Depuis cette époque elle a joué dans tous les théâtres dont son mari était pensionnaire.

Lorsque celui-ci s'associa avec Paul Deshayes pour prendre la direction du Châtelet, madame Lacressonnière vit venir à elle les grands rôles, elle joua de façon très-remarquable, la Pauvre Mayeux, du *Juif Errant*, elle reprit après Lia Félix, le beau rôle d'Emilia Manin, dans *Daniel Manin* et sut s'y faire applaudir.

Elle fut engagée en même temps que son mari à la Porte-Saint-Martin, comme on l'utilisait peu, elle alla faire les beaux jours de la direction Wentscheink.

A Cluny et aux Arts, elle fut Auguste Manette, le ou la terrible Auguste Manette ; aujourd'hui que Wentscheink est en Amérique, Mme Lacressonnière est revenue à la Porte-Saint-Martin, elle a joué la *Closerie des Genêts* et repris la Mayeux.

Nous croyons que Mme Lacressonnière regrette Auguste Manette, c'était le beau temps, pas si beau qu'au Châtelet, mais beau tout de même.

## DAUBRUN

Après avoir été Adrienne de Cardoville, la belle Adrienne de Cardoville du *Juif Errant*, en 1849. Madame Daubrun joue non sans talent les rôles marqués. La position qu'elle occupe à la Porte-Saint-Martin est bien modeste, et depuis quelques années, Mme Daubrun n'a pas eu de création marquante ; le peu qu'elle a joué cependant, elle l'a joué de façon à rappeler les grandes traditions du boulevard.

## MARIE-LAURE

Les rôles créés jusqu'ici par Mlle Marie-Laure à la Porte-Saint-Martin sans être des

plus importants ont suffi à la faire déjà
connaître.

Une importante création la mettrait
complétement en lumière.

A l'Ambigu, Mlle Marie-Laure a créé un
grand rôle dans une pièce en vers, *Anna*.
Mais la pièce ne fut malheureusement
pour elle jouée qu'une fois.

## CHARLOTTE RAYNARD

Ingénue, joue le drame, la comédie,
joue même les soubrettes comiques.

Est-ce le rôle créé par Mlle Raynard
dans les *Héritiers Rabourdin*, à Cluny,
qui la fit engager à la Porte-Saint-Martin
peut-être, alors pourquoi lui donne-t-on
a ce théâtre les ingénues gaies ou tristes.

Dans la pièce de *Zola*, Mlle Raynard
jouait, non sans talent, un rôle de jeune
soubrette des plus comiques. Elle y obtint
du succès. Là, ses défauts la servaient.
Une voix un peu dure n'est pas faite pour
l'ingénue, aussi n'eut-elle aucun succès
dans le *Pays latin*, il lui fallait pleurer
pendant cinq actes et quelquefois pleurer
avec musique.

Allons, Mlle Raynard, les rôles comiques, croyez-nous.

## BÉDARD-MURRAY

Soubrette du Palais-Royal qu'elle a quitté pour le Gymnase qu'elle a eu bien tort de quitter à son tour pour la Porte-Saint-Martin. Il est vrai que la femme doit suivre son mari, et M. Murray quittait le Gymnase pour la Porte-Saint-Martin. Mme Murray a joué à la Porte-Saint-Martin Margaret du *Tour du Monde*.

## PAULINE MOREAU

Trop jeune pour avoir d'autre mérite que d'être la sœur d'Angèle Moreau. Nous attendons cette jeune artiste à une autre création.

---

Voilà la Porte-Saint-Martin en 1877.

Et maintenant, Messieurs,

## A L'AMBIGU.

HENRY BUGUET.

Paris. Imp. Richard et Cie, 18-19, passage de l'Opéra